CADA PESSOA TEM UM ANJO

Dados Internacionais de Catalogação na Publicação (CIP)
(Câmara Brasileira do Livro, SP, Brasil)

Grün, Anselm
  Cada pessoa tem um anjo / Anselm Grün : Tradução de Carlos Almeida Pereira. 9. ed. – Petrópolis, RJ : Vozes, 2009.

  Título original: Jeder Mensch hat einen Engel
  Bibliografia.
  ISBN 978-85-326-2409-3

  1. Anjos – Ensinamento bíblico 2. Histórias bíblicas I. Título.

00-3315   CDD – 235.3

Índices para catálogo sistemático:
1. Anjos : Ensinamento bíblico : Teologia cristã   235.3

Anselm Grün

CADA PESSOA TEM UM ANJO

Tradução de Carlos Almeida Pereira

EDITORA VOZES

Petrópolis

© 1999, Verlag Herder Freiburg im Breisgau

Título original alemão: *Jeder Mensch hat einen Engel*

Direitos de publicação em língua portuguesa:
2000, Editora Vozes Ltda.
Rua Frei Luís, 100
25689-900 Petrópolis, RJ
Internet: http://www.vozes.com.br
Brasil

Todos os direitos reservados. Nenhuma parte desta obra poderá ser reproduzida ou transmitida por qualquer forma e/ou quaisquer meios (eletrônico ou mecânico, incluindo fotocópia e gravação) ou arquivada em qualquer sistema ou banco de dados sem permissão escrita da Editora.

Editoração e org. literária: Orlando dos Reis
Capa: Marta Braiman

ISBN 978-85-326-2409-3

Este livro foi composto e impresso pela Editora Vozes Ltda.

Sumário

Introdução, 7

    Falar adequadamente sobre os Anjos, 10
    Abordagem partindo da Teologia, 11
    Abordagem partindo da Psicologia, 14

1. O Anjo da Guarda, 19
2. O Anjo que ouve o choro da criança, 25
3. O Anjo que abre o céu, 31
4. O Anjo que impede o sacrifício, 34
5. O Anjo que abençoa, 38
6. O Anjo que impede a passagem, 41
7. O Anjo que chama, 45
8. O Anjo que dá instruções, 48
9. O Anjo que cura (Rafael), 52
10. O Anjo que abranda o fogo, 56
11. O Anjo que liberta da caverna dos leões, 60
12. O Anjo que toca e desperta, 64
13. O Anjo que nos guarda em todos os caminhos, 69
14. O Anjo que combate por nós (Miguel), 72
15. O Anjo que promete um filho (Gabriel), 75
16. O Anjo que anuncia a alegria, 78
17. O Anjo que aparece em sonhos, 82
18. O Anjo que serve à vida, 86
19. O Anjo que se alegra comigo, 89
20. O Anjo que tira o medo, 92

21. O Anjo que solta as correntes, 95
22. O Anjo que realiza a ressurreição, 97
23. O Anjo que interpreta a vida, 101
24. O Anjo que nos leva para o céu (Lázaro), 104

Conclusão, 107

Bibliografia, 109

Introdução

A fé em um Anjo da Guarda que acompanha cada pessoa está difundida em muitas religiões. Já a Igreja primitiva, em comum com a tradição judaica, acredita que Deus destina a cada pessoa um Anjo que a acompanha em todos os seus caminhos, do nascimento até à morte, e além da morte até o paraíso. Até poucos anos atrás, a teologia acadêmica ainda zombava desta fé, achando que ela não passava de uma idéia infantil, que nada tinha a ver com a revelação cristã. É um fato surpreendente que, de acordo com uma pesquisa da revista *Focus*, um número muito grande de alemães acredita em um Anjo da Guarda pessoal. Com a fé nos Anjos, as pessoas, ao que tudo indica, encontram hoje bem menos dificuldades do que com a fé em Deus e em Jesus Cristo.

No esoterismo passou a ser moderno falar-se de Anjos que podemos ver, que assistem os seres humanos e lhes transmitem doutrinas importantes para os ajudar a viver. As aparições de Anjos despertam o interesse de numerosos leitores e leitoras. Parece-me, no entanto, que o esoterismo orbita demasiadamente em torno do extraordinário. Seja como for, com seus livros, seus congressos e seus seminários sobre Anjos, ele vem despertando, em um mundo secularizado, a curiosidade das pessoas por coisas que vão além da banalidade do dia-a-dia. Por meio dos Anjos o mistério penetra em sua vida, freqüentes vezes tão superficial.

Quando escrevo neste livro que cada pessoa tem um Anjo, meu desejo é partir da tradição bíblica. Baseio-me em histórias bíblicas de Anjos que vêm em socorro do ser humano e lhe apontam o caminho. Escolhi 24 histórias, que em belíssimas imagens descrevem como um Anjo se manifesta a uma pessoa desamparada, como Anjos a protegem e lhe abrem os olhos para o caminho que leva à vida. Nestas histórias fica claro que em nenhuma situação os Anjos deixam o ser humano sozinho, que eles o acompanham em todos os seus caminhos e que lhe trazem proteção e segurança precisamente nos momentos em que ele se encontra sozinho com suas angústias.

E escrevo sobre os Anjos de cada um de nós também partindo de um interesse terapêutico. Em numerosas entrevistas, tenho ouvido das pessoas que a idéia do Anjo que as acompanha lhes tem servido de ajuda para organizarem sua vida. Precisamente em crianças, serviu-lhes de ajuda a imagem do Anjo da Guarda pessoal. Muitas, quando crianças, viveram com seu Anjo da Guarda. O Anjo que as acompanha foi para elas tão real como a boneca com que brincavam, ou como o ursinho de pelúcia que as acompanhava na hora de dormir. Com demasiada freqüência as pessoas contam-me a história de suas vidas exclusivamente a partir das feridas e dos agravos sofridos. É importante, sem dúvida, que olhemos de frente os agravos que nos foram feitos em nossa infância, ou mesmo mais tarde. Mas deparo-me também com muitas pessoas que não sabem ver outra coisa que não seja os agravos. Sempre novos métodos são apresentados para se chegar a estas feridas da primeira infância. Para mim isto já chega quase a se parecer com uma mania de descobrir sempre novas feridas. Ajuda-me, então, a idéia de que esta pessoa, em sua infância, não esteve entregue exclusivamente àqueles que a agravavam, mas que também um Anjo estava ao seu lado para ajudá-la e conduzi-la aos lugares onde podia respirar, onde podia experimentar salvação. Em lugar de sempre de novo remexer na "ferida do não ser amado" (Peter Schellenbaum), muitas vezes seria melhor para nós que fôssemos atrás dos vestígios dos Anjos em nossa vida. Chamo de vestígios dos Anjos aqueles vestígios de salvação e cura que podem ser encontrados na vida de cada um. Descubro-os quando me interrogo onde é que como criança eu me sentia bem, onde podia esquecer-me de mim, onde podia entregar-me inteiramente aos meus folguedos. Quais eram os meus lugares preferidos? Que fazia eu lá? Quais as brincadeiras de que mais gostava? Onde me sentia mais no meu elemento? Indo atrás destes vestígios, irei descobrir que não estava entregue às fraquezas e aos agravos dos pais, mas que já como criança um Anjo me acompanhava. O Anjo fez com que, apesar das feridas e das más experiências, eu pudesse sobreviver, permanecer sadio e encontrar a rota de minha própria vida.

A idéia de que cada criança tem um Anjo pode significar um desencargo para os pais. Muitos, com grande freqüência, vivem preocupados se estão educando seus filhos corretamente, se influências negativas externas não os estariam levando para o caminho errado, se as feridas que inconscientemente eles provocam em seus filhos não os estariam prejudicando para sempre. Tais cuidados e angústias são perfeitamente justificados. Conheço pais que se tornam inteiramente inseguros por causa dos livros de psicologia. Desejam fazer tudo certinho, e orientam-se rigidamente pelos conselhos recebidos. Mas deixaram de confiar no seu próprio instinto. Com isto a convivência com os filhos só fica mais complicada. Pode ser que eles causem mais dano a seus filhos justamente por não quererem feri-los obedecendo a seu instinto natural de pais. A idéia de que toda criança tem seu Anjo liberta os pais de suas preocupações exageradas. Apesar de todas as limitações dos pais e de todas as deficiências educacionais, o filho pode crescer sadio, porque é acompanhado por um Anjo que vigia sobre ele.

Mas o livro não se dirige apenas aos pais, e sim também a todos quantos examinam sua própria infância, talvez mesmo analisando-a por meio de uma terapia ou de um acompanhamento espiritual, a fim de descobrir repressões e feridas que os impedem de viver. Tais pessoas muitas vezes caem no desespero. Tantas vezes elas já refletiram sobre sua infância, tantas vezes já conversaram com outros a esse respeito. Podem até haver tentado elaborar todos os agravos que carregam consigo. Mas o mero conhecimento não consegue levá-las para a frente. Saber onde e quando e como as feridas ocorreram não basta para curar as feridas. Pelo contrário, muitas querem saber sempre mais sobre os agravos de sua história de vida, remexem as feridas e reabrem as cicatrizes. Para tais pessoas é importante que vão atrás também dos vestígios dos Anjos em sua vida. Em sua infância estas pessoas estiveram expostas não apenas ao pai alcoólico ou à mãe depressiva. Elas não foram determinadas apenas por mensagens negativas, como: "Você não presta. Você é um peso em minha vida. Ah, se você não estivesse aqui!" Ao lado delas havia também um Anjo que lhes abriu um outro espaço de vida onde puderam sentir-se protegidas, onde estiveram livres da influência negativa de seu ambiente, onde puderam experimentar algo como salvação e totalidade. Ocupar-se com estes vestígios dos Anjos pode ser tão saudável como elaborar as feridas. Quando entramos em contato com os vestígios de nosso Anjo, voltamos a nos tornar capazes de descobrir o Anjo que está agora ao nosso lado, e que hoje, da mesma maneira como naquele tempo, só deseja guiar-nos na vida.

Como os Anjos impõem sua mão protetora sobre a criança e sobre qualquer outra pessoa, o que eles fazem conosco: é o que eu gostaria de descrever com base em aparições e encontros bíblicos com Anjos. O que aqui importa não é uma explicação exegética das passagens bíblicas, mas sim uma interpretação das imagens, tendo em vista o nosso próprio mundo de experiências. Pois sobre os Anjos não se pode falar adequadamente a não ser em imagens. A Bíblia nos deu o exemplo. Ocupando-nos com as imagens bíblicas, haveremos de aprender mais sobre a solicitude dos nossos Anjos do que através da especulação teológica. Mas gostaria de pelo menos rapidamente ocupar-me com as condições teológicas e psicológicas para se falar adequadamente sobre os Anjos, a fim de delimitar-me em relação a muitas idéias exageradas hoje difundidas.

Falar adequadamente sobre os Anjos

Muito se fala de Anjos hoje em dia no esoterismo. Talvez as pessoas anseiem por ver e experimentar o mundo sobrenatural. Nas idéias esotéricas sobre os Anjos, marcadas pelas experiências de pessoas sensitivas e videntes, infiltraram-se imagens de deuses e deusas pagãos. Os Anjos são considerados como pertencendo ao mundo astral e são de uma matéria subtil. Já na Igreja primitiva, tais idéias concretas a respeito dos Anjos exerceram um grande fascínio. Por isso o autor da Epístola aos Colossenses adverte os primeiros cristãos: "Ninguém, com afetada humildade ou com o culto dos Anjos, vos prive do prêmio, fazendo alarde do que viu, enfatuado de um vão orgulho por seu pensamento carnal" (Cl 2,18). Provavelmente os hereges contra os quais a Epístola aos Colossenses adverte praticavam um culto aos Anjos, sentindo-se superiores aos cristãos, que aderiam apenas a Jesus Cristo. Uma superioridade deste tipo manifesta-se hoje em muitos escritos esotéricos. Eles querem saber mais do que podemos saber. Por isso é importante falar dos Anjos de uma maneira que seja adequada à tradição cristã.

Abordagem partindo da Teologia

Mas na Teologia dos últimos 30 anos os Anjos foram negligenciados. A teologia diz que a Bíblia pressupôs a existência dos Anjos, mas que propriamente não a revelou. Anjos constituiriam simplesmente uma parte das idéias do mundo de então, onde a Bíblia também fala de Deus e de sua ação nas pessoas. Mas a rigor eles não teriam nenhum significado. A teologia cristã também poderia existir sem ocupar-se com os Anjos. Frente a esta atitude crítica, vemos na história da teologia e da dogmática cristã que a tradição eclesiástica fala dos Anjos como criaturas de Deus. Portanto, eles são criados por Deus exatamente como o ser humano, e estão a seu serviço. E se os Anjos são criaturas, "então eles serão também conhecíveis com a capacidade normal do conhecimento humano" (Vorgrimler, 31). São forças e poderes espirituais e pessoais. A partir da doutrina da Igreja, portanto, os Anjos são mais do que uma mera figura para a presença do Deus de salvação e de amor. Os Anjos são poderes. Eles possuem em si uma força. E têm uma tarefa em favor de cada pessoa. Como criaturas espirituais e pessoais, eles estão de antemão relacionados com o espírito e com a pessoa do ser humano, e atuam sobre seu espírito e sua personalidade. Trata-se, portanto, menos dos Anjos como seres isolados do que de sua relação com a pessoa humana.

Segundo Santo Agostinho, "Anjo" é a denominação de uma tarefa, e não de um ser. O Anjo é o mensageiro de Deus, através de quem Deus envia uma mensagem ao ser humano, ou que o acompanha e que provoca nele alguma coisa. O Anjo pode chegar até nós numa pessoa, num sonho, ou em nossa alma. O lugar onde os Anjos podem ser experienciados é o coração do ser humano. A Bíblia e os Santos Padres estão convencidos de que o ser humano sempre pode voltar a ver e experienciar os Anjos. Tais experiências são descritas em imagens. Toda penetração mais precisa do ser e do agir dos Anjos, toda curiosidade humana para nos apossarmos dos Anjos é, com razão, rejeitada pela Igreja.

Quando levamos a sério a doutrina da Igreja, com boa razão podemos falar dos Anjos, nos quais Deus nos mostra sua presença e através de quem o próprio Deus atua em nós. Nos Anjos Deus serve-se de energias criadas. Estas podem ser energias psíquicas, forças que ajudam nossa alma, podem ser a intercessão de outras pessoas, podem ser também a amorosa participação dos mortos a quem amamos. Com razão se interroga Vorgrimler: "Tais forças psíquicas e energéticas haveriam de não ser importantes? Não pode ser errado confiarmos na proteção de Deus através de tais forças protetoras" (Vorgrimler, 105). Se os Anjos são seres espirituais criados, então eles podem vir a nós através das próprias forças da alma, através das outras pessoas e em sonhos, para interpretar a vida e agir sobre nós, curando e ajudando. Desta forma a presença de Deus se concretiza para nós no Anjo. A presença amorosa de Deus envolve-me no Anjo por meio de uma realidade criada. Portanto, ela passa a ser para mim experienciável, concreta. Não preciso limitar-me a crer na presença de Deus. Sua presença também pode ser experimentada, por exemplo, por meio de um pensamento que me surge. A partir da tradição cristã, é legítimo dizer-se que este pensamento me foi inspirado por um Anjo. A Bíblia sempre de novo fala de Anjos em conexão com o sonho. No sonho um Anjo me fala e concretiza para mim a mensagem de Deus. Uma mulher contou-me que nunca havia podido acreditar que Deus a amasse. Quando numa pregação ela ouvia, ou quando lia em um livro que era filha amada de Deus, isto passava sem penetrar-lhe na alma. Mas então ela sonhou que uma voz lhe dizia: "Tu és minha filha querida, em ti eu me agrado". No sonho a palavra de Deus passou a ser uma realidade interior. Agora já não se tratava mais simplesmente de uma coisa em que ela devia acreditar. Experimentara a realidade da palavra divina. Um Anjo trouxera-lhe esta mensagem, e isto de uma forma tal que ela pôde experimentá-la diretamente.

Se os Anjos são uma realidade criada, então eles também podem vir a nós como seres espirituais que nos envolvem, ou que assumem a figura de um ser humano. Uma pessoa pode se tornar um Anjo para nós. Por sua essência o ser humano não é Anjo. Mas, em dado momento, ele se torna um Anjo para mim. Nele experimento a proximidade de Deus, seu auxílio e seu amor. Realidade criada é também a luz interior que às vezes brilha dentro de nós, ou uma imagem interior que surge em nós. E realidade criada é a imagem do Anjo que me envolve, a imagem de um ser espiritual luminoso. Muitas vezes não podemos distinguir se tais imagens são sonhos ou visões, ou se os Anjos podem efetivamente ser vistos com os olhos normais. Mas também não é isto o que mais importa. Quer sejam sonhos ou visões ou seres espirituais visíveis, sempre se trata de experiências em que acontece ao ser humano algo que ele percebe como Anjo, como mensageiro de Deus. No Anjo a presença do Deus que cura e que protege se manifesta de uma maneira que pode ser experimentada sensivelmente.

Nós não somos obrigados a crer nos Anjos. Os Anjos não são objeto de nossa fé. Só podemos crer em Deus. Mas nos Anjos a fé no amor de Deus pode concretizar-se e ganhar consistência. Os Anjos podem ser experimentados. Eles ligam nosso mundo ao mundo de Deus. Nos Anjos Deus penetra em nossa realidade quotidiana. Por isso é bom que falemos deles. Pois Deus é sempre o inteiramente outro, o incompreensível, o inominável; ele é o mistério absoluto, que nunca podemos compreender. Nos Anjos ele mostra de uma maneira humana como está perto de nós. Por isso podemos falar dos Anjos. Mas devemos fazê-lo sempre em conexão com Deus, e não – como no esoterismo – por mero interesse no extraordinário. Os Anjos são mensageiros de Deus. Eles apontam para Deus. Abrem nossos olhos para o mistério de Deus. Estabelecem a ligação entre o céu e a terra. Sobem e descem a escada de Jacó, a fim de estabelecer a mensagem divina em nossos corações.

Abordagem partindo da Psicologia

Ellen Stubbe, psicóloga pastoral evangélica, em seu livro A realidade dos Anjos na literatura, na arte e na religião (Die Wirklichkeit der Engel in Literatur, Kunst und Religion) retomou as considerações do psicanalista infantil inglês Donald W. Winnicott, com o objetivo de poder falar dos Anjos de uma maneira que fosse adequada aos dias de hoje. Winnicott fala de "objetos de transição e fenômenos de transição". Ele distingue na criança um mundo exterior e um mundo interior. O mundo exterior é determinado pelos pais, pelas coisas com que a criança se depara e pelas quais ela se interessa. O mundo interior são suas próprias fantasias. Mas Winnicott parte de que existe também uma "terceira dimensão". É uma "área intermediária da experiência para a qual tanto a realidade interior como a vida exterior contribuem. É uma esfera que não é questionada" (Stubbe, 61), um lugar de repouso onde a criança pode descansar, e que a ajuda a ligar a realidade interior com a exterior. Um animal de pano, uma boneca ou outro objeto servem à criança como objeto de transição, que a ajuda a superar o medo da noite ou os sentimentos desconhecidos. Este objeto de transição possibilita à criança acreditar em proteção e segurança mesmo quando a mãe não esteja presente – e muitas vezes serve de sucedâneo para a ausência da mãe. Winnicott considera como tarefa permanente do ser humano estabelecer uma relação entre a realidade interior e a exterior. Uma ajuda para isto, desde a infância, é a esfera intermediária da experiência: para a criança, o brincar, onde ela dá expressão a sua fantasia e suas ilusões. Para o adulto esta esfera intermediária passa a ser a arte e a religião.

É aqui que Ellen Stubbe coloca o discurso adequado sobre os Anjos. A idéia dos Anjos ajuda a criança, e mais tarde o adulto, a manter coeso o seu próprio eu. Tanto crianças como adultos estão ameaçados de verem o seu próprio eu desmoronar. Quando rezam ao seu Anjo, inconscientemente as crianças sentem que o Anjo mantém unido seu frágil eu, e então sentem-se inteiras e possuidoras de valor. Os Anjos, na opinião de Ellen Stubbe, surgem em situações de ameaça de destruição interior e exterior. Sua ação "está sempre voltada para a integração e totalidade" (Stubbe, 276). A função psicológica dos Anjos consiste, "por um lado, numa atitude de ajuda para a construção de um eu e, por outro, na preservação do eu já existente" (263). Mas os Anjos não criam apenas o eu, eles levam-nos também a relacionar-nos com Deus. Pois a criança fala mais de Anjos do que de Deus. E da mesma maneira, para os adultos pode ser mais fácil falar dos Anjos do que de Deus, que muitas vezes nos parece muito distante, e por isso tão abstrato que não pode ser experienciado. Assim como pertencem à realidade interior e exterior, os Anjos também fazem parte da esfera intermediária que liga entre si o mundo terreno e o mundo celeste, o dia-a-dia concreto e a esfera do divino. Com a idéia dos Anjos que estão ao nosso lado, a presença do Deus que salva e ama assume uma forma concreta para nós. De antemão os Anjos apontam para um horizonte de experiências. Não há obrigação de se crer nos Anjos: a pessoa os sente. E, em sua ambivalência, eles permanecem entre a imagem e a realidade. Às pessoas que nos ajudam, nós as chamamos de Anjos. E temos uma idéia de que lá em nosso interior se encontra um Anjo, que nos abre os olhos para a verdadeira realidade, que nos acompanha em nosso caminho e nos leva para além do limiar da morte, para a luz eterna.

Outra ajuda psicológica para falarmos adequadamente a respeito dos Anjos nos poderia ser dada pela psicologia de C.G. Jung. Pois os Anjos ocorrem freqüentemente como idéias que servem de sucedâneo para os pais ausentes. A imagem do Anjo ajuda a criança a sentir-se protegida, apesar de tudo. Jung acha que as crianças experimentam não só a mãe concreta e o pai que estão aí, mas também trazem em si imagens arquetípicas de mãe e pai. Estas imagens arquetípicas são a condição para que, apesar das experiências negativas com os pais, a criança possa experimentar algo como apoio e segurança. Elas dão à criança a idéia de uma mãe que ama e cuida, sendo de preferência concretizadas pelas crianças sob a imagem de Anjos. Jung não escreve sobre a existência de Anjos, mas apenas sobre sua realidade psíquica. "Pois se os Anjos são 'alguma coisa', eles são mediadores personificados de conteúdos inconscientes que buscam manifestar-se" (vol. 13,

91). À criança os Anjos transmitem a experiência de uma segurança mais profunda do que a que os pais podem oferecer-lhe. Dizem-lhe que um outro poder estende sobre ela sua mão protetora. Isto tranqüiliza suas angústias mais profundas. Assim como os contos mantêm a criança em contato com a fonte de vida do inconsciente, da mesma forma também a idéia dos Anjos. Jung atribui aos Anjos um notável influxo sobre a consciência. Quando a mensagem dos Anjos não é assumida pelo ser humano em sua consciência, a energia do inconsciente flui "para o campo da afetividade ou para a esfera do instinto. Surgem daí irrupções de afeto, irritabilidade, capricho e excitação sexual, através das quais a consciência costuma ser profundamente desorientada" (vol. 13, 91). Para Jung o Anjo apresenta "uma contraposição ao eu subjetivo". Ele representa "um pedaço da psique objetiva" (vol. 11, 660). O ser humano é não apenas um eu, mas nele existe o mundo do inconsciente, que atua sobre ele. Deste inconsciente podem provir forças destrutivas que impelem os homens até à atrocidade, como as cometidas no Terceiro Reich. Mas do inconsciente surgem também os Anjos, que nos transmitem uma idéia de "beleza, bondade, sabedoria e graça" (vol. 11, 660). As experiências dos altos e baixos da natureza humana autorizam-nos, segundo Jung, a falar dos Anjos. Anjos são para Jung "forças espirituais que dirigem a alma", "símbolos arquetípicos possuidores de uma energia espiritual, que podem exercer sobre o eu e a consciência do ser humano um efeito de terror ou de cura" (Hark, 117).

Sobre o pano de fundo das considerações teológicas e psicológicas para um discurso adequado sobre os Anjos, desejo apresentar algumas imagens de Anjos tais como são descritos na Bíblia. Trata-se aqui não tanto da essência dos Anjos quanto de sua tarefa e missão. E sobretudo importa-me mostrar como os Anjos nos fornecem impulsos em nosso caminho para a formação do eu, impulsos para caminharmos, avançarmos, nos levantarmos, não desistirmos. E parto da idéia de que cada pessoa tem um Anjo. Mas renuncio a descrever este Anjo com mais precisão. Todo discurso a respeito dos Anjos necessita do espaço da fantasia e da criatividade. Precisa do espaço da confiança, marcado pela experiência de uma presença salvadora. Tanto os homens como também Deus podem abrir um tal espaço de confiança. Neste espaço de uma primordial confiança, que chega até à dimensão do céu, é possível falar-se adequadamente sobre os Anjos. E é imprescindível a linguagem das imagens. Só as imagens são capazes de expressar o que os Anjos são e como no Anjo e através do Anjo nossa vida se torna mais sadia e mais brilhante.

1
O ANJO DA GUARDA

No Evangelho de Mateus Jesus diz a seus discípulos: "Cuidado para não desprezar um desses pequeninos, porque eu vos digo que seus Anjos estão continuamente no céu, na presença do meu Pai celeste" (Mt 18,10).

Quando se fala em pequeninos, se está pensando não apenas nas crianças, mas também nas pessoas desconhecidas, pouco importantes e simples na comunidade cristã. Jesus diz então que cada uma destas pessoas pequenas e desprezadas tem um Anjo que contempla a face de Deus. Esta passagem da Bíblia levou na Igreja à doutrina de um Anjo da Guarda pessoal. A idéia de Anjos da Guarda existe em muitas religiões. Aqui Jesus assume a idéia judaica, porém levando-a também adiante. Pois no judaísmo rabínico os Anjos da Guarda se encontram na terra e não podem contemplar a face de Deus. Jesus quer dizer que toda pessoa tem um Anjo da Guarda que também vê a Deus. Toda pessoa está sob a especial proteção de Deus, que lhe envia um mensageiro especial. Os Santos Padres interpretaram esta passagem, dizendo que desde o nascimento cada pessoa tem o seu Anjo da Guarda pessoal. E até hoje a Igreja perseverou nesta doutrina. Que significa isto? Manifestamente, a Igreja está convencida de que junto a cada pessoa Deus coloca um Anjo. Muitos Santos Padres chegaram a ensinar que os Anjos participam na geração do ser humano (Orígenes, Tertuliano, Clemente de Alexandria). O ser humano não existe sem um Anjo, ele não é completo sem o seu Anjo pessoal. Os Santos Padres atribuíram um Anjo da Guarda não somente a cada pessoa mas também aos diferentes povos, ou mesmo às diversas comunidades. No Apocalipse de João o vidente sempre dirige sua mensagem ao Anjo da comunidade (cf. Ap 2).

E assim cada criança tem o seu Anjo da Guarda. Os adultos freqüentemente me contam como na infância a idéia do Anjo da Guarda foi importante para eles. O Anjo dava-lhes apoio em meio à insegurança do mundo. As crianças possuem um sentido especial para a realidade dos Anjos. A pediatra e analista francesa Françoise Dolto conta em suas memórias que o convívio com seu Anjo da Guarda determinava seu dia-a-dia de criança. Ela convivia com o Anjo da Guarda como se ele estivesse ao lado dela: "Quando ia dormir, eu me deitava só na metade da cama, para deixar lugar para o meu Anjo da Guarda a fim de que ele dormisse ao meu lado. E em pensamento eu repassava o meu dia, que como sempre havia sido catastrófico, porque diziam que eu fazia muitas asneiras, mas infelizmente eu não sabia como as fazia nem por que as fazia, e isto causava-me grande aflição" (Stubbe, 58). E ela ainda continua convencida de que seu Anjo da Guarda não a abandonou ao longo de toda a vida. Ele sempre se manifesta quando ela procura uma vaga no estacionamento. Ela acha que "o Anjo da Guarda de uma criança dorme ao lado dela. Mas o Anjo da Guarda de um adulto está sempre vigilante" (*ib.*, 58).

Os pais não podem vigiar todos os passos de seus filhos. Quanto mais eles querem controlar o que os filhos fazem ou deixam de fazer, tanto mais angústia e agressão provocam neles. E são precisamente os pais que querem controlar tudo que muitas vezes fazem a experiência de que acontece exatamente aquilo que eles haviam receado. Aqui ajuda a fé de que um Anjo da Guarda preserva a criança dos perigos. Mas o que irão fazer os pais com esta fé, quando seu filho apanha dos outros no caminho da escola, ou quando chega mesmo a ser vítima de abuso sexual? O Anjo da Guarda não é responsável por tudo. Não podemos sobrecarregá-lo. O que nós mesmos podemos fazer, temos também de fazê-lo. Sobretudo devemos ser prudentes, e avaliar corretamente a realidade deste mundo. Não obstante, permanece de pé aquela "esfera intermediária", que não pode ser prevista nem arrumada. Aqui ajuda quando os pais recomendam os filhos a seus Anjos da Guarda. Isto os alivia da própria preocupação. Pois, mesmo com todas as suas preocupações, eles não podem garantir que o filho volte são e salvo da escola ou do jardim de infância, ou que não se fira no jogo. Quem, por medo de que algo possa acontecer tenta proteger o filho de todos os perigos, torna o filho cego para os perigos reais. A criança tem que fazer experiências para ver de que é capaz. E aqui sempre pode ocorrer alguma coisa, ela pode avaliar erradamente os seus limites. A confiança no Anjo da Guarda deve andar de mãos dadas com as medidas de segurança. Não sabemos explicar por que há crianças que, apesar de seus Anjos da Guarda, enfrentam perigos e chegam a morrer. Podemos rezar aos Anjos da Guarda. Mas não temos nenhuma garantia de que eles intervenham. É sempre também uma graça divina, da qual nós não podemos dispor, quando nos é dado fazer a experiência de que um Anjo da Guarda nos salvou de um perigo.

Todo adulto já deve ter passado alguma vez pela experiência de estar a ponto de incorrer em algum perigo e de sofrer algum dano. Ele tentou, por exemplo, a ultrapassagem na estrada, sem ver o outro carro que já vinha ultrapassando. Mais uma vez tudo correu bem. Muitos dizem então espontaneamente: "Eu tenho um bom Anjo da Guarda". Ou então se deparou subitamente com um engarrafamento, e ainda teve tempo de frear. Ou o carro virou e ele escapou são e salvo. Todas estas são ocasiões em que acreditamos que um Anjo da Guarda preservou-nos de desgraças. Em momentos como estes não são apenas os cristãos convictos que acreditam no Anjo da Guarda. Às vezes até mesmo os ateus são capazes de falar aqui do seu Anjo da Guarda. Nesse momento ele sente que se encontra sob uma proteção maior, uma proteção que escapa ao seu poder. Um Anjo da Guarda assim inspira a confiança de que sempre se haverá de chegar são e salvo quando se vai de carro para o trabalho. Ele nos tira o medo de tarefas que precisamos resolver e que também podem resultar em fracasso.

A idéia do Anjo da Guarda é tão amplamente difundida que pode ser encontrada em toda alma humana. Os judeus falavam dele, os gregos chamavam-no *daimon*, os romanos *genius*. Mesmo que hoje muitos não acreditem mais em Deus, ou encontrem dificuldades para entrar em relação pessoal com Deus, eles crêem mesmo assim no Anjo da Guarda. É uma espécie de "fé que busca" Deus.

Pois quem fala do Anjo da Guarda sabe que ele vem de Deus, que Deus mesmo colocou a seu lado um Anjo da Guarda. Mas quem fala do Anjo da Guarda não tem ainda que professar toda a doutrina e todo o dogma cristão. Ele está expressando com isto uma experiência que faz sempre de novo. Uma experiência que o abre para a dimensão dos Anjos. Anjos são criaturas de Deus; e em nossa condição de criaturas, na constelação concreta de perigos, nas viagens, num incêndio, numa derrapagem na estrada, a presença salvadora de Deus se manifesta nos Anjos da Guarda. O Anjo é uma concretização de Deus. Nele Deus atua dentro do nosso dia-a-dia. Este lampejo divino em nossa vida é reconhecido hoje por um número substancialmente maior de pessoas do que aquelas que chamam Deus expressamente de pai e mãe.

Mas Jesus diz a respeito dos Anjos da Guarda que eles vêem a face de Deus. Toda pessoa tem uma relação com Deus através do seu Anjo. Cada qual está diretamente ligado a Deus. Através do Anjo da Guarda, cada um atinge a esfera divina, sem ficar limitado ao que pode ser visto, ao que pode ser feito. Está envolvido por um mistério. Não está só quando se encontra desacompanhado. Não está abandonado quando anda sozinho pelo mato. A linguagem religiosa, que também na era pós-moderna é para muitos perfeitamente possível, seria assim traduzida pela psicologia: a idéia do Anjo da Guarda põe o ser humano em contato com as forças de proteção e preservação do seu inconsciente. Ajuda-o a prestar mais atenção a si mesmo e a envolver-se com a vida de uma maneira menos angustiosa. O que a psicologia sente dificuldades de explicar, isto inconscientemente se torna claro para a maioria das pessoas. Os homens não vivem apenas a realidade de sua razão crítica, mas vivem também naquela "esfera intermediária" em que têm conhecimento de uma ligação entre o céu e a terra, entre realidade visível e invisível. E como desde a infância estão familiarizados com esta "esfera intermediária", eles compreendem as idéias do Anjo da Guarda sem precisar de intermediários. Sem que precisem refletir criticamente sobre isto, no fundo do coração eles estão convencidos de que um Anjo da Guarda os acompanha e os preserva dos perigos.

Helmut Hark, pároco e psicoterapeuta evangélico, em sua terapia trabalha muitas vezes com a imagem do Anjo da Guarda. Num grupo de auto-experiência terapêutica, ele levou os participantes, homens e mulheres, a refletirem sobre a importância pessoal do seu Anjo da Guarda. Apareceram respostas como as que seguem:

"Ele protege no caminho, dá coragem e apoio moral, afasta o mal, atua beneficamente nas desgraças. Através dele as coisas se ajeitam. Manifesta-se nas situações-limite. Por ele recebo impulsos para boas ações. É o irmão gêmeo de minha alma. É meu protetor e padroeiro pessoal. Às vezes eu sou advertido por ele. Para mim é uma inteligência superior. Fala-me através de uma voz interior. É o modelo espiritual de minha alma... Inspira minha imaginação. Por ele atuam energias benéficas de salvação. Ele me inspira a idéia salvadora" (Hark, 141s). Estas frases mostram que mesmo pessoas distanciadas da Igreja possuem hoje uma idéia de não terem sido deixadas sozinhas. Na idéia de que são acompanhadas por um Anjo da Guarda, que as preserva de perigos e intervém para salvá-las, se expressa sua fé na proteção e na ajuda divinas. Tais pessoas muitas vezes não são capazes de se imaginarem Deus. Mas no Anjo Deus se torna concreto para elas. Aqui Deus entra no mundo do seu dia-a-dia. Na terapia, muitas vezes a idéia do Anjo da Guarda pessoal atua dando força e curando. Helmut Hark relata, por exemplo, de uma mulher que sempre de novo era impelida por fortes idéias de suicídio. Num sonho ela viu um Anjo "que lhe transmitiu uma nova sensação de vida, até então desconhecida" (Hark, 143). De repente, as idéias de suicídio foram como que varridas do mapa. Hark fala das energias espirituais do Anjo da Guarda, que muitas vezes rompem e curam padrões autodestrutivos da vida.

A fé no Anjo da Guarda pessoal é mais do que a idéia de um Anjo bonitinho que me acompanha por toda parte. Como adultos, quando acreditarmos em nosso Anjo da Guarda, superaremos não apenas os nossos medos frente aos perigos do dia-a-dia na rua e no trabalho, ou às doenças graves. O Anjo da Guarda há de transmitir-nos também a sensação de que atravessamos reconfortados nossas crises pessoais. E quem – talvez numa terapia –

se ocupa com a história de seus próprios ferimentos, e muitas vezes não sabe o que fazer, não sabe como irá se sair das complicações da infância, sempre de novo há de experimentar o benéfico efeito do seu Anjo da Guarda. Apreender intelectualmente nossas feridas e agravos não nos devolve a saúde. Muitos ficam então desesperados consigo mesmos e com os agravos de sua história de vida. A fé no Anjo da Guarda nos traz então a confiança de que em meio a este processo terapêutico acontece algo assim como um milagre, que do fundo da alma surge uma força benéfica, que um Anjo nos aparece em sonho e nos transmite uma profunda compreensão, e que, de repente, o medo ou a idéia do suicídio desaparecem sem que se saiba por quê. A fé no Anjo da Guarda liberta-nos da fixação sobre os fatores doentios de nossa vida. Ela nos faz também descobrir as energias benéficas que se encontram em nós. Já em nossa infância o Anjo da Guarda nos acompanhava e nos preservava. E agora ele está ao nosso lado e dentro de nós, agindo hoje sobre nós, preservando-nos e curando-nos.

2
O ANJO QUE OUVE O CHORO DA CRIANÇA

A primeira história bíblica em que um Anjo desempenha um papel decisivo é a história de Agar, escrava de Abraão. Como Sarai, a mulher de Abraão, não tem filhos, Abraão une-se a Agar. E ela se torna grávida dele. Mas Sarai fica com ciúmes e trata Agar tão asperamente que ela foge para o deserto. Ali o Anjo do Senhor a encontra e pergunta-lhe: "Agar, escrava de Sarai, de onde vens e para onde vais?" (Gn 16,8). E manda-a de volta para Sarai. Ela deverá suportar o duro tratamento, pois recebe a promessa de que seu filho Ismael há de ter uma descendência numerosa e de ser bem-sucedido. Agar chama o lugar em que o Anjo do Senhor lhe aparece "Laai-Roí" (Deus que me vê) (Gn 16,13).

A situação em que Agar se encontra é uma situação arquetípica. Ela sente-se rejeitada e abandonada por todos. Abraão, de quem estava grávida, deixa-a entregue ao arbítrio de Sarai. Não tem ninguém que a defenda. Então o Anjo a vê e se aproxima. Mesmo que os homens a abandonem, o Anjo vê sua miséria e não a abandona. Experiências como esta sempre de novo são feitas pelas crianças. Sentem-se incompreendidas pelos pais. Os pais ralham, chegam até mesmo a batê-las por causa de coisas sem importância. No acompanhamento espiritual, há pessoas adultas que me contam como na infância ficavam sem saber o que fazer. Tudo quanto fizessem estava errado. O pai reagia de maneira inteiramente arbitrária. Elas nunca sabiam realmente o que deviam fazer ou dizer. Qualquer coisa podia provocar a ira do pai. Tais crianças sentem-se abandonadas, entregues ao arbítrio.

A reação normal seria deixar de lado os sentimentos e simplesmente deixar-se levar. Mas, graças a Deus, existem ainda outras maneiras de reagir. As crianças procuram seu terreno onde possam esquecer-se de si mesmas, onde se sentem bem, onde estão inteiramente em paz consigo. Tais reações úteis poderíamos considerar também como ação do Anjo que cuida da criança. O Anjo leva a criança a lugares em que ela sabe que está protegida, não é atingida pela crueldade e o arbítrio dos pais, nem poderão ser feridas. Ali elas se sentem em segurança e entram em contato com a fonte interior. E encontram, como Agar, a fonte de onde podem beber. Agar chama essa fonte de "Laal-Roí" (fonte do Deus vivo que me vê) (Gn 16,14). Para muitas crianças é na Igreja que elas sentem segurança. Para outras é a coberta da cama puxada por cima da cabeça a fim de se sentirem seguras. Ou então elas constroem castelos para onde se retiram, ou quem sabe cavernas no feno ou na palha, onde experimentam a proteção do seio materno. Outras pegam seu bichinho de pelúcia para conversar com ele. Ou acariciam o cão e contam-lhe o que é que as oprime. Nesses momentos, elas sabem que são compreendidas. Às vezes eu fico espantado com as experiências infantis que me são contadas. Mas a fé de que estas pessoas, mesmo como crianças, não estavam sozinhas, que um Anjo as via e lhes falava, que um Anjo as levava à fonte interior, ao lugar onde podiam respirar, inspira-me confiança de que também as pessoas assim feridas ainda podem encontrar um caminho em sua vida.

O Anjo de nossa história manda Agar de volta para Sarai. Ela precisa suportar o duro tratamento. Pois encontra-se debaixo de uma promessa. Tais mensagens o Anjo as dá também à criança que foi deixada sozinha e injustamente tratada. Por estar sob uma promessa, por a criança em suas brincadeiras saber ainda de um outro mundo em que ela é importante, em que é criativa e onde pode ela mesma criar coisas novas, por tudo isso ela pode sempre de novo voltar para a casa paterna e suportar as dificuldades. Para as pessoas que na terapia ou no acompanhamento espiritual encaram as feridas de sua infância, é proveitoso descobrir os vestígios do Anjo em sua história. Quando falam a todo mundo de suas más experiências, elas se sentem cada vez piores. Às vezes o falar pode trazer alívio; mas outras vezes também pode aumentar a carga. Por isso, convido meus parceiros de conversa a contarem onde experimentavam tais lugares em sua vida, lugares onde se encontravam em harmonia consigo mesmos, protegidos, defendidos, em casa. Ao dirigirem o olhar para tais "experiências do Anjo e lugares do Anjo", uma nova confiança pode crescer nelas. Reconhecem que também na sua infância foi um Anjo que viu sua necessidade e que lhes deu a necessária força para suportarem a dureza. E quando volta a entrar em contato com seu Anjo, o adulto há de saber encarar diferentemente a história de seus ferimentos e agravos. Há de reconhecer a promessa que lhe foi feita, na qual já estava inserida quando criança, as forças benéficas que saíam do Anjo e que eram mais fortes do que as feridas e os golpes.

Uma jovem mulher contou-me que quando criança sempre ansiava por sentir o amor da mãe. Mas nunca chegou a experimentar realmente este amor, pelo menos da maneira como o desejaria. Por muito tempo ela foi atrás desse amor, sempre de novo ficando decepcionada. Tornou-se anorética para "devolver" a falta de amor da mãe. Quando lhe perguntei pelos vestígios do seu Anjo, espontaneamente ela me contou como muitas vezes, quando criança, criava de brincadeira um mundo próprio para si. Aos colegas e amigas ela dava então instruções de como deviam brincar. Muitas vezes o tema das brincadeiras era hospedaria e hospedagem. E ela própria sempre assumia o papel da hospedeira. Quando assumia este papel, tornava-se claro para ela como havia escolhido um papel benéfico. A hospedeira preocupa-se com os hóspedes, dá-lhes a sensação de que tudo se faz para o seu bem. Os hóspedes são bem-vindos na hospedaria, e precisam sentir-se bem. Desta forma a hospedeira era um Anjo para a criança, papel este que era desempenhado por ela própria. Agora, depois de adulta, ela podia tentar entrar em contato com este Anjo e cuidar bem de si própria, em vez de sempre correr atrás do amor da mãe. Os vestígios do Anjo em sua vida fazem com que ela experimente o amor que pode dar a si mesma. Nela própria existe um Anjo que cuida dela. Confiando neste Anjo, ela não precisa mais cortejar o amor da mãe. Existe amor suficiente dentro dela própria. Existe a hospedeira, que lhe prepara uma casa hospitaleira onde encontra tudo de quanto necessita para viver. Tem consigo um Anjo que sempre a leva para a fonte de onde "me olha o Deus vivo" (Gn 16,14).

A história de Agar continua. Mais tarde, após o nascimento, Sarai não pode suportar que o filho de Agar brinque em sua presença. Ela não suporta a visão da criança cheia de vida e de alegria. Também hoje, infelizmente, acontece a mesma coisa com os pais que não conseguem suportar a vivacidade do seu filho. Em vez de se alegrarem com sua vivacidade, eles enviam o filho para o deserto, como Sarai enviou Agar. Distanciam-se dele e deixam-no sozinho no deserto do isolamento e das normas, do desprezo e da negligência. Lá ele corre o risco de morrer de fome e sede. E a criança vagueia, totalmente confusa. Ser ofendida, por exemplo, pelo pai que tanto ama, leva a criança a uma confusão dos sentimentos. A criança não consegue mais orientar-se. Em sua confusão ela não enxerga mais chances de sobrevivência. Quando Agar não tem mais água, ela deixa o menino debaixo de um arbusto e afasta-se, dizendo: "Não quero ver o menino morrer" (Gn 21,16). Então o Anjo do Senhor a chama: "Que tens, Agar? Não temas, pois Deus escutou a voz do menino que aí está. Levanta-te, toma o menino e segura-o pela mão, pois farei dele uma grande nação" (Gn 21,17s). E o Anjo abre-lhe os olhos, de modo que ela vê o poço de água que estava perto. "Deus estava com o menino, que cresceu e habitou no deserto, tornando-se arqueiro" (Gn 21,20).

Situações semelhantes à de Agar são vividas hoje por muitas mães. Elas não podem ver quando o pai envia o filho para o deserto, quando o pai é fraco demais para encorajar e apoiar a criança, quando ele busca satisfazer na criança seus próprios anseios. As mães não suportam ouvir o choro da criança quando ela sofre fome e sede por não receber do pai aquilo que deseja. A história de Agar e Ismael nos diz que, apesar de tudo, a criança não é deixada só. Um Anjo a vê. O Anjo ouve o choro da criança. Estamos aqui diante de uma mensagem consoladora: o Anjo não apenas ouviu nosso choro, às vezes alto, porém muitas vezes também surdo, quando éramos crianças. Ele ouve da mesma maneira quando choramos hoje. Ismael parece não ter nenhuma chance de sobrevivência. Está só, debaixo de um arbusto. Há de perecer no calor do deserto. O Anjo que ouve seu choro mostra a Agar, sua mãe, o poço. Lá onde a única coisa que podemos fazer é chorar, onde não encontramos nenhuma saída, lá sempre existe também um poço por perto, de cuja água podemos voltar a beber para recuperarmos as forças. Talvez não o enxerguemos. Precisamos então de um Anjo que nos abra os olhos para que o choro não nos tire a visão, mas vejamos a ajuda que está ao nosso alcance. Podem ser pessoas de nossa vizinhança. Pode ser um lugar em que nos reabastecemos, um convento, uma igreja, um lugar de peregrinação, ou mesmo um determinado campo ou um bosque onde nos sentimos protegidos. Também pode ser um poço dentro de nós, uma fonte em nosso interior, da qual nos sentíamos separados. De repente, entramos novamente em contato com esta fonte interior. Nossa vida volta a florescer.

Desenvolvemos nossas capacidades, assim como Ismael descobriu e viveu suas qualidades de arqueiro. Ismael se transforma em um grande povo. Ele desenvolve as muitas habilidades que existem dentro dele. Torna-se arqueiro. O arqueiro, que sabe lidar com o arco e a flecha, é símbolo da força vital e da ligeireza de uma pessoa. O arco sempre une dois pólos entre si, une o céu com a terra, Deus e o ser humano. E faz de nós um ser humano completo, onde os opostos estão ligados entre si e se transformam em uma sadia tensão capaz de levar a flecha até o alvo. Com o arco podemos tornar-nos um bom arqueiro, um arqueiro que acerta o alvo, que alveja corretamente, que não deixa a vida passar, cuja vida é bem-sucedida. No budismo existe esta imagem: a partir do seu arco o ser humano atira a flecha do seu eu através das trevas da ignorância, procurando atingir o ser verdadeiro e supremo, tornar-se um com ele. O arqueiro, portanto, representa o ser humano espiritual que busca unir-se a Deus. Assim, em meio ao nosso deserto, o Anjo nos põe em contato com nossos anseios espirituais, que em nossa situação sem perspectivas nos transporta para a esfera divina, onde experimentamos abrigo e segurança, liberdade e amor absoluto. Muitas vezes só numa situação sem saída é que chegamos a descobrir aquilo de que somos capazes, e qual é o nosso verdadeiro ser. Mas precisamos do Anjo que ouça o nosso choro. Precisamos de pessoas que não tenham medo de ouvi-lo. E precisamos do Anjo interior, que ouça o clamor de nossa alma e que lhe dê resposta.

No acompanhamento de mulheres sexualmente violentadas, muitas vezes me surge a pergunta: por que ninguém ouviu o seu choro? A mãe não quis ouvir o choro da criança. Às tímidas tentativas de manifestar a angústia interior, ela responde que o tio sempre foi tão bom para com todos, não dá para lhe imputar uma coisa dessas. Em algum momento, então, o choro da criança cessa. A mulher enterrou dentro de si a sua ferida. Não lhe deu mais atenção. Mas desligou-se da vida. Resolveu simplesmente sobreviver e continuar viva, para não se expor mais à dor. Mas em algum momento o choro irrompe novamente de dentro. É um Anjo que a toca, a fim de que não deixe de ouvir seu próprio choro. Ela terá que expor-se a esta ferida. De onde tirar a coragem? Quando alguém a acompanha, alguém que não tenha medo de ouvir o que ela tem a contar de terrível, então ela experimenta o Anjo que falou a Agar no deserto. O Anjo vai ao seu encontro nas pessoas que lhe apontam a fonte que está no seu íntimo. Mas o Anjo pode encontrá-la também na própria força que lhe irrompe de súbito. Em seu coração irrompe, de repente, o Anjo que aponta a fonte que brota no seu interior, a fonte de onde ela pode beber para regenerar-se, para suportar as velhas feridas. O Anjo promete-lhe que, apesar de todas as feridas, ela pode vir a tornar-se um grande povo, um arqueiro, que sua vida há de obter êxito, que ela há de atingir o alvo de seus anseios. No acompanhamento espiritual e na terapia, não podemos sempre nos limitar a ver somente as feridas. Não podemos ficar no choro, por mais importante que possa ser pôr para fora a sua dor. Mas devíamos olhar também o Anjo que ouve o nosso choro e que nos aponta a fonte que se encontra dentro de nós. Quando enchemos o nosso odre com a água fresca de nosso poço interior, nossa sede há de ser saciada e nosso choro haverá de cessar.

3
O ANJO QUE ABRE O CÉU

Jacó está fugindo de seu irmão Esaú. Ele tem medo de ser morto pelo irmão. Esaú é mais forte do que ele. Enquanto Jacó confiava em sua esperteza e inteligência, Esaú desenvolveu a força muscular. Esaú não pode perdoar seu irmão, que lhe tirou o direito de primogênito e roubou a bênção paterna. Agora Jacó está fugindo. Ele quer pernoitar no meio do deserto, e toma uma pedra como travesseiro. Então ele sonha: "Via uma escada apoiada no chão e com a outra ponta tocando o céu. Por ela subiam e desciam os Anjos de Deus" (Gn 28,12). E no alto da escada está Deus, que lhe promete: "Estou contigo e te guardarei aonde quer que vás, e te reconduzirei a esta terra. Nunca te abandonarei até cumprir o que te prometi" (Gn 28,15). Aqui os Anjos unem o céu e a terra. Eles abrem o céu àquele para quem na fuga o céu antes parecia fechado e carregado. De repente, sua vida volta a se alargar, ele adquire um horizonte mais amplo. Jacó sabe que sua vida será bem-sucedida, que Deus estará com ele e que cumprirá nele suas promessas.

Muitas vezes nós nos sentimos em fuga. A Bíblia conhece muitas histórias de fuga. Mas aqui trata-se de uma maneira toda especial de fugir de alguma coisa. Jacó foge da própria sombra. Pois Esaú é o irmão sombrio, a sombra que até agora Jacó não havia percebido. A fuga não é uma boa maneira de lidar com a própria sombra. Pois a sombra nos segue por toda parte. Não podemos escapar da sombra. Todo psicólogo poderá dizer-nos quanto é importante a integração da própria sombra. Senão ficará faltando uma parte essencial de nossa alma. Mas Jacó não integra, ele foge. Tem primeiro que passar por uma longa escola, até que na luta noturna com o homem sombrio no Jaboc ele aceite sua sombra e encontre nela o

31

próprio Deus. E Deus não o deixa só, mesmo na fuga. Até mesmo a fuga tem que existir. Os Anjos que aparecem em sonho a Jacó abrem-lhe o céu enquanto ele foge. Para mim isto possui dois significados. Por um lado, não podemos integrar a sombra, se não nos for aberto um horizonte mais amplo, se o Anjo não abrir o céu acima de nós. Precisamos ter uma meta, para que possamos aceitar nossa sombra. Quem se fixa em sua sombra não pode fazer outra coisa a não ser fugir dela. Só quando em face do céu aberto ele encara sua sombra é que ela deixará de lhe parecer tão ameaçadora. O céu aberto projeta sua luz também sobre a sombra.

Por outro lado, experimentamos com freqüência que é justamente dentro de nós que encontramos, no fim, um Anjo que abre o céu e faz com que nossa vida volte a se tornar transparente. Lá onde não temos mais esperanças, ali um Anjo entra em nossa vida e nos faz conhecer tudo sob uma nova luz. Para muitos a crise que não tem saída torna-se o lugar onde eles descobrem um caminho espiritual. Mas o caminho espiritual não é nenhuma saída barata, nenhum salto por cima da própria crise, mas sim o único caminho que realmente nos leva adiante. Quando para fora nada mais funciona, não podemos caminhar senão pela trilha interior, para que nossa vida volte a ser bem-sucedida. Então descobrimos no caminho interior o nosso próprio eu, que nos aponta um caminho para sair do beco sem saída em que nos metemos.

Também para as crianças os Anjos têm a função de abrir-lhes o céu. Para os filhos de uma família destroçada a vida muitas vezes é mais parecida com um deserto e com um inferno. Mas ninguém pode viver no inferno eternamente. Só será capaz de agüentar aquele a quem o Anjo abrir novamente o céu. O Anjo escolhe muitos caminhos para abrir o céu para a criança. Assim uma criança que experimenta o inferno em sua casa pode rejubilar-se regiamente com a beleza de uma flor. Ou acariciar com muito amor o gato ou o cão da casa. Outra pode esquecer-se de si mesma quando brinca. É aí que o céu se abre sobre a sua cabeça, e um outro horizonte invade sua vida. Para outra criança é o culto divino, aonde ela gosta de ir. Ali cantam-se hinos que a transferem para o céu.

Seu coração é tocado. Abre-se ali alguma coisa, abre-se uma porta, e a alma se dilata. As crianças não refletem sobre isto. Espontaneamente buscam os lugares que estabelecem a ligação de sua vida com o céu, os locais onde existe uma escada celeste pela qual os Anjos sobem e descem. Nestes locais elas experimentam que não estão sós, que Deus andará com elas, e que Deus há de cuidar para que sua vida seja bem-sucedida.

A pedra que Jacó tomou como travesseiro pode ser uma imagem das muitas pedras de tropeço que se encontram em nosso caminho, com as quais topamos ou sobre as quais caímos. O Anjo transforma a pedra de tropeço numa pedra que serve de base para a escada que liga o céu com a terra. Quando tropeçamos, caímos e fracassamos, um Anjo pode abrir-nos o céu. Quando outras pessoas colocam uma pedra em nosso caminho, nosso horizonte pode se ampliar. E passamos a ver a meta de nossa vida. Não é sem razão que, no fim da história, Jacó toma a pedra e a erige em altar, ungindo-a com óleo. A pedra torna-se para ele uma pedra de recordação, um memorial de que Deus lhe falou e prometeu-lhe êxito em sua caminhada. Sobre a dura pedra, Jacó derrama óleo. O pedregoso e áspero de sua vida ele trata com mansidão e brandura. Com isto o duro e árido se transforma em lugar de fertilidade, num lugar em que alguma coisa pode crescer e amadurecer. E a pedra passa a ser um símbolo da bênção divina, que se derrama justamente ali onde tudo em nós já se encontrava petrificado. Muitas vezes só mais tarde é que vemos que muitas pedras de tropeço foram transformadas em pedras de bênção. No momento em que caímos, apenas reclamamos contra aquela pedra. Mas, num dado momento, reconhecemos que justamente com esta pedra começou em nós uma coisa nova, um processo de amadurecimento. A história de Jacó quer nos mostrar que o Anjo também está conosco quando tropeçamos e que, justamente quando fracassamos, ele abre o céu acima de nós e nos enche com as bênçãos divinas.

4
O ANJO QUE IMPEDE O SACRIFÍCIO

Abraão é provado por Deus. Ele deve sacrificar seu filho Isaac em holocausto. Põe-se a caminho com o filho, sobe o monte, amarra Isaac e coloca-o sobre o altar. Está a ponto de levantar a mão para matar o seu filho único. Então o Anjo do Senhor o chama por seu nome e ordena-lhe: "Não estendas a mão contra o menino e não lhe faças mal algum! Agora sei que temes a Deus, pois não me recusaste teu filho único" (Gn 22,12). É uma história difícil, que sempre de novo provoca revolta nos ouvintes. Como pode Deus exigir de Abraão que sacrifique seu filho? Não é uma crueldade? Podemos interpretar esta história de diferentes maneiras. Haveria a interpretação no plano subjetivo. Nesse caso, significaria que não posso agarrar-me ao que possuo de mais querido, do qual continuamente preciso desfazer-me. Só assim poderei avançar no meu caminho. Não posso deixar que coisa alguma se transforme em ídolo entre mim e meu Deus, mesmo aquilo que experimento em mim de mais precioso. Prefiro, porém, interpretar a história do sacrifício de Abraão apenas sob o aspecto do Anjo.

Nesse caso poderíamos nos interrogar se realmente Deus exigiu o sacrifício de Isaac. Talvez Abraão tenha apenas pensado que Deus queria a morte de seu filho. Talvez sua imagem de Deus ainda fosse imperfeita. Assim o interpretam muitos exegetas, segundo os quais a história mostra que em Israel os sacrifícios humanos não eram mais possíveis. A imagem de Deus se teria mudado. Para mim não se trata de nenhuma história de um passado remoto. Constantemente encontro pais que acham que fariam um favor a Deus "sacrificando" seus filhos. É claro que não os sacrificam no altar dos holocaustos. Mas sacrificam-nos no altar de seu rigorismo e moralismo. Para os pais o mais importante é que os filhos cumpram a vontade de Deus, que cumpram todos os seus mandamentos. Mas não percebem que não são os mandamentos de Deus que eles cumprem, mas sim os mandamentos de suas próprias angústias e estreitezas. Como se fixaram exclusivamente em seus mandamentos, eles levam seu filho para o sacrifício. O filho só experimenta a frieza dos pais, angustiadamente preocupados por viver segundo a vontade de Deus, mas que não possuem nenhum sentido para as necessidades da criança. É insuflado o medo do inferno quando o filho é apanhado em jogos sexuais. A pregação do inferno transmite ao filho o sentimento de estar inteiramente corrompido e exposto à condenação eterna. Desta maneira o filho é transformado em vítima do sacrifício.

Mas não são apenas as imagens rigoristas de Deus que sacrificam o filho. São também os muitos deuses, que para alguns pais são mais importantes do que os próprios filhos. É o deus dinheiro, ou o deus carreira. É o deus do prazer, que não pode ser desperdiçado. Quando são estes deuses que determinam a vida dos pais, o filho também é levado ao sacrifício. O filho ainda é suportado, mas seu espaço vital deixa de ser valorizado. É posto de lado, para que se possam alcançar os próprios objetivos. Outros levam seu filho como vítimas ao altar do orgulho. O filho tem que realizar tudo o que os pais não conseguiram. Têm que freqüentar a aula de balé, aprender um instrumento e ainda ter lições de equitação. Precisa de aulas suplementares de todo tipo, para obter uma boa nota no vestibular e poder estudar medicina. Não adianta vociferar contra estes pais. Eles precisam de um Anjo que lhes segure o braço estendido para impedi-los de sacrificar seu filho. A história de Abraão nos dá a esperança de que um anjo intervenha também, levando os pais que estão a ponto de sacrificar o seu filho a refletir sobre seu gesto. A esperança de que um Anjo os conscientize do que estão fazendo, lhes abra os olhos para verem o que precisam oferecer. Precisam oferecer o carneiro que ficou preso pelos chifres no espinheiro. O carneiro é considerado como símbolo da força. Em lugar do filho desamparado, eles deveriam oferecer uma parte de sua força, de seu êxito, de seu orgulho, de suas capacidades, saindo de si mesmos para que seu filho possa viver. Quando os pais orbitam unicamente em torno de suas próprias realizações, o filho é prejudicado.

Nesta história o Anjo protege o filho segurando o braço do pai. Desta forma o Anjo que acompanha o filho dá uma lição aos pais. A criança tem dentro de si alguma coisa que rompe o círculo vicioso dos rituais paternos de sacrifício. O filho que, como Isaac, parece desamparado tem um Anjo que sempre de novo interfere quando os pais estão fixados em seu ritual de sacrifício. Quando os adultos que em criança foram prejudicados olham para o passado, sempre de novo descobrem estes Anjos que preservaram os pais de matar o filho. Anjos que frearam a violência da ira do pai. Que atenuaram os golpes da mãe. Que abriram sempre novas brechas nas imagens rigorosas de Deus e na adoração dos ídolos, de modo que mesmo assim o filho pôde viver.

Em seu livro *Deixando o papel de vítima. Vivendo a própria vida* [*Abschied von der Opferrolle. Das eigene Leben leben*], Verene Kast descreve as pessoas que durante toda a sua vida sentem-se vítimas e perseveram em sua posição de vítimas. Elas reprimem suas agressões, evitam conflitos e deixam a impressão de estarem totalmente entregues às agressões dos outros. Permanecem passivas e recusam-se a tomar as rédeas de sua própria vida. Retraem-se, têm medo de mudanças, e ficam paradas. "Nada mais anda, e nada mais se pode andar. Desta maneira a idéia de vítima passa a ser o mais importante na vida" (Kast, 94). O Anjo livra Isaac do papel de vítima. Ele solta os laços que o prendem ao altar do holocausto. E o Anjo livra Abraão do papel de agressor. No carneiro ele oferece um pouco de sua própria força. E assim Isaac pode viver. Quando um filho se sente desamparado, facilmente corre o perigo de cair no papel de vítima. Torna-se apático, se dá por satisfeito com tudo. Mas não vive realmente. A história do sacrifício de Abrão permite-nos esperar que um Anjo venha a interferir, mesmo quando exteriormente os filhos têm poucas chances de evitar seu papel de vítimas. O Anjo está ao lado do filho, quando este se defende das agressões dos pais. O Anjo está ao lado do filho, quando este foge dos gritos violentos do pai alcoólatra e corre para o jardim, sentando-se no banco de madeira feito pelo avô. Aí ele canta. E desta maneira liberta-se das ameaças e do arbítrio do pai e entra em contato com sua própria força. O Anjo está ao lado do filho que não se dá por satisfeito com a sombria atmosfera de casa e junta-se aos amigos, com os quais pode dar vazão à sua vivacidade. Que é que dá a uma criança, e também a um adulto, a força de libertar-se das algemas do papel de vítima? Será uma idéia espontânea? Serão as partes sadias de sua alma? Será o filho de Deus nele? Em última análise, não podemos explicar o que lhe dá forças para fugir ao papel de vítima e viver sua própria vida. Podemos acreditar que é o Anjo que vigia sobre ele e que impede o sacrifício.

Existem muitas pessoas que permanecem no papel de vítimas ao longo de toda a sua vida. A convivência com tais pessoas é difícil. Pois, embora representem externamente o papel de cordeiro do sacrifício e aceitem tudo quanto os outros lhes impõem, delas exala, no entanto, uma atmosfera de agressão reprimida. O cordeiro do sacrifício transmite às outras pessoas sentimentos de culpa. Por os filhos causarem tanto desgosto à mãe, por exigirem dela tanto trabalho, por isso é que ela passa tão mal, que se sente tão cansada e doente. O cordeiro do sacrifício é uma permanente acusação contra as pessoas do seu ambiente. Estas são culpadas de o cordeiro do sacrifício entrar em colapso. Para romper o círculo vicioso do papel de vítima e da secreta agressividade, é preciso um Anjo que ponha fim à representação. O Anjo nos pega pelo braço e nos abre os olhos. E nós vemos o carneiro. Em lugar de fazer de nós mesmos o sacrifício, devemos sacrificar o carneiro que Deus nos oferece. Devemos sacrificar algo da força que existe em nós. Pois do sacrifício de nossa força e agressividade a vida pode surgir.

5
O ANJO QUE ABENÇOA

Pouco antes de morrer, Jacó abençoa seu filho José e os filhos deste, Efraim e Manassés. Ele diz: "O Anjo que me livrou de todo mal abençoe estes meninos. Que por meio deles seja recordado meu nome" (Gn 48,16). Esta é para mim uma bela cena. Toda pessoa tem um Anjo que a abençoa, que impõe sua mão sobre ela abençoando-a e lhe diz coisas boas. Abençoar, do grego e do latim, significa dizer coisas boas (*benedicere*), falar coisas boas para alguém. O Anjo que abençoa é ao mesmo tempo o Anjo que livra de todo o mal, que afasta o mal, que liberta dos envolvimentos doentios.

Filhos existem que raramente ouvem palavras de incentivo. Pelo contrário, continuamente estão lhes dizendo que deveriam fazer isso ou aquilo, que mais uma vez eles teriam feito isso ou aquilo errado, que finalmente deviam endireitar-se e não ser tão teimosos. Piores ainda são as palavras que são antes uma maldição do que uma bênção: "Nem devias estar aqui. Estás me levando para o cemitério. Vais ver em que isto vai dar. Nunca hás de ser nada. És uma carga para mim. Vais pagar para sempre o que nos fazes. Deus vai te castigar para sempre por seres tão mau". Conheço pessoas que a vida toda dão a impressão de estarem sob uma maldição. Convivem com a maldição de não serem dignos de aproximar-se da comunhão, de nunca serem suficientemente bons para se tornarem um bom membro da sociedade humana, que nunca hão de corresponder às expectativas dos pais. Uma tal maldição paralisa a força de vida da pessoa. Viver debaixo de uma maldição significa estar sempre com medo de que um dia esta maldição se torne realidade.

O Anjo que abençoa pode ser alguma pessoa paternal ou maternal, a vizinha, a avó, o avô, o professor, o pároco.

Mas também pode ser o Anjo que fala dentro da própria criança. Basta ouvir as conversas das crianças com seus animais de estimação. Ali muitas vezes elas dizem palavras de bênção, aparentemente dirigidas ao animalzinho, mas na realidade dirigidas a elas próprias. Uma vez observei uma menina pequena falando com sua bola. Dizia-lhe muitas coisas boas, consolando-a, elogiando-a, falando-lhe a respeito de si própria. É exatamente a esfera intermediária que Winnicott descreve como o espaço onde a criança aprende a ligação que existe entre a realidade externa e interna. Nesta esfera intermediária, a criança ouve palavras diferentes das que escuta dos pais. Ali ela expressa as coisas de que o próprio coração precisa e pelas quais ela anseia. A esfera intermediária é também o espaço em que a criança sente o Anjo que a abençoa, que lhe diz coisas boas. O Anjo que abençoa fala com as palavras da criança. E impõe a mão sobre ela para que não seja atingida pela maldição que os pais lhe dirigem.

Jacó chama o Anjo que abençoa os meninos de "o Anjo que me livrou de todo mal". O Anjo liberta a criança de todo mal. Ele solta os laços que prendem a criança, que não a deixam viver. Exteriormente, muitas vezes a criança não encontra a mínima chance, dentro de uma atmosfera de maldade, de briga, de confusão emocional, de brutalidade. Mas o Anjo que acompanha a criança cria uma distância sadia, de modo que a criança impede que as coisas cheguem até ela. Ele desata a estreita ligação com a realidade externa, pondo a criança em contato com sua realidade interior, à qual o mal não tem acesso. Quando a realidade externa é por demais cruel, o Anjo leva a criança para o espaço interior em que ela é abençoada, em que está em segurança e a salvo, em que ninguém pode feri-la. A partir daqui podemos compreender como tantas vezes as crianças conseguem sobreviver sem danos a experiências da crueldade.

Não é só em nossa infância que devemos pensar no Anjo. Este Anjo nos acompanha hoje da mesma maneira. Ele nos abençoa dizendo-nos coisas boas, lembrando o que existe de bom em nós. E desata o estreito envolvimento com um ambiente doentio, levando-nos ao espaço interior aonde não pode penetrar o barulho das pessoas que criticam e ferem, e onde ninguém pode nos incomodar. Neste espaço interior o Anjo estende sua mão protetora sobre nós, a fim de que não nos possa atingir o que é sombrio, o que é destruidor em volta de nós. Nelly Sachs, a poetisa judia, fala do espaço de bênção que os Anjos nos oferecem.

> "Anjos dos campos do paraíso,
> quantas milhas de martírio
> tem que andar a saudade
> para chegar à vossa bênção!" (Stubbe, 33)

Nelly Sachs sabe quanto nos afastamos deste espaço de bênção interior. A saudade tem que percorrer muitas milhas de maus-tratos, tem que abandonar muita coisa a que se apega para alcançar este espaço interior onde somos abençoados. São os "campos do paraíso", o lugar primitivo, o espaço que nos leva à nossa própria origem e que nos põe em contato com a imagem que Deus faz de nós. Os Anjos protegem o lugar de bênçãos onde Deus nos dirige sua boa palavra, onde ele impõe sua mão sobre nós, onde estamos envolvidos pela força e pela graça divinas.

6
O ANJO QUE IMPEDE A PASSAGEM

No Livro dos Números existe uma grotesca história do vidente Balaão e de sua mula. O rei Balac pede ao profeta Balaão que abençoe seu povo e amaldiçoe Israel, seu inimigo. Promete-lhe uma grande recompensa. Balaão se põe a caminho, mas certamente sem haver antes pedido instruções a Deus. Então o Anjo do Senhor postou-se no caminho para lhe barrar a passagem. A mula vê o Anjo com a espada desembainhada barrando a passagem e desvia-se para o campo. Mas Balaão, o célebre profeta, não vê o Anjo. A mula, ao que tudo indica, é superior a ele. Por mais duas vezes o Anjo do Senhor lhe barra o caminho. Primeiro, a mula imprensa a perna de Balaão contra o muro tentando desviar-se. A seguir, a mula se põe de joelhos. Cada vez ela é brutalmente açoitada por seu senhor. Então o Senhor abre a boca da mula e ela fala a Balaão: "Que te fiz eu, para me espancares já pela terceira vez?" (Nm 22,28). Balaão parece não se espantar vendo a mula falar. Entra no diálogo e faz-lhe acusações. Então o Senhor abre os olhos de Balaão e ele vê "o Anjo do Senhor parado no caminho com a espada desembainhada na mão" (Nm 22,31). E o Anjo lhe diz: "Por que já por três vezes espancaste a mula? Fui eu que saí para te barrar a passagem, pois o caminho me parece perigoso" (Nm 22,32).

Este não é nenhum Anjo bonitinho e agradável, mas sim um Anjo que assusta. Um Anjo que impede a passagem. O grande vidente Balaão não o vê, porém sua mula o reconhece. A razão não reconhece o Anjo que impede a passagem para preservar-nos do mal. A mula, a esfera do nosso instinto, possui um sentido para o Anjo que nos barra o caminho. A razão acha que deve a todo custo continuar no caminho que vem seguindo. Que ainda deve produzir mais, organizar mais e planejar mais. Mas o corpo reclama. Faz greve. Muitos ficam então com raiva e espancam o seu corpo, em vez de perguntar-lhe por que está fazendo dificuldades. Deus tem então que abrir a boca ao nosso corpo, para que ele possa fazer-se compreender. A linguagem do corpo não pode ser ignorada. E quanto mais espancamos o corpo, tanto mais ele há de rebelar-se, até vermos por fim que nosso caminho é perigoso e nos leva à ruína. Então agradecemos por o Anjo do Senhor nos haver barrado o caminho, para não sofrermos um dano maior.

De múltiplas maneiras o Anjo pode nos barrar o caminho. Uma médica planeja mudar de posto. Mas ela simplesmente não consegue encontrar moradia no lugar de trabalho. Alguém tem vontade de empreender uma viagem. Mas tudo sai errado. A agência de viagens perde sua reserva por descuido. E agora é tarde para ainda conseguir um lugar. Um chefe desejaria introduzir modificações na organização da firma. Mas todas as tentativas não dão em nada. Outro gostaria de ser professor, mas todas as tentativas de colocação fracassam. Muitos então ficam com raiva por não conseguirem executar os seus planos. Mas talvez fosse a hora de nos interrogarmos pelo Anjo que barra o nosso caminho. Talvez o Anjo quisesse advertir-nos para não trilharmos por esse caminho. Ou pelo menos deveríamos parar e mais uma vez refletir tudo. Não deveríamos, como Balaão, alimentar uma fixação doentia pelo lugar aonde gostaríamos de chegar, mas sim ouvir a voz interior, procurar saber se a mula não desejaria chamar nossa atenção para o Anjo que nos barra a passagem.

Com crianças, o Anjo de Balaão se manifesta muitas vezes através de revolta e recusa em determinadas situações. Os pais acham que é simples teimosia do filho, ou que ele quer apenas impor a sua vontade. Claro que pode ser isso também. Mas às vezes o filho sabe perfeitamente o que quer. Ele sente instintivamente o Anjo fechando o caminho. Sente que este ou aquele não é um caminho que leva a bom termo. E em vez de espancar a mula, como Balaão, os pais deveriam antes refletir por que o filho não vai adiante. Talvez nem o filho o saiba explicar. Mas, pela maneira como ele fala de sua recusa, os pais podem perceber se se trata de mera teimosia ou se não existe aí um Anjo barrando o caminho. No medo que impede a criança de colocar-se numa situação que a deixa sobrecarregada, talvez o Anjo esteja falando. Quando um filho se recusa a ir para a casa do tio, quase sempre ele tem boas razões. A criança sente que o tio não lhe faz bem, que ele ultrapassa seus limites. Há crianças de quem o tio abusou e se recusam a voltar novamente à sua casa. Mas, como Balaão, os pais espancaram-nas. Não viram o Anjo que lhes barrava o caminho. Só queriam não dar ao tio motivo de queixa e forçaram a criança a voltar à casa dele. Até que um dia a criança se rende e termina sendo violentada por anos a fio. Teria sido melhor que os pais tivessem escutado o Anjo que lhes barrava o caminho, em vez de se fixarem doentiamente em suas próprias necessidades e desejos. Quando uma criança empaca, sempre é conveniente ver e ouvir com muito cuidado o que é que lhe está impedindo a passagem. Talvez seja um Anjo.

A mula vê o Anjo e compreende-o. As crianças muitas vezes entram em contato com seu Anjo quando gostam dos animais. Muitas meninas são entusiasmadas por cavalos. Nem sempre está claro o que é que tanto as fascina. Talvez seja a força do animal, que não obstante se deixa guiar por uma mão suave e amiga. Ao cavalo as meninas podem contar tudo quanto os pais não querem ouvir. Crianças que cresceram na fazenda sentem uma predileção especial pelo estábulo. Ao voltar da escola, elas gostam de ir primeiro ao estábulo e contar aos animais as experiências que tiveram na escola, suas preocupações. Outras acariciam o seu cão e sentem-se compreendidas por ele. Em seus animais de estimação, adivinham algo do Anjo que está ao seu lado, que as protege com sua força, mas que também as ouve e lhes barra a passagem quando elas enveredam por caminhos errados.

Balaão, o célebre profeta, tem que se deixar instruir por sua mula. Ele não consegue seguir adiante em seu caminho. Tem que primeiro abrir os olhos para reconhecer o Anjo que lhe fecha a passagem. A história nos ensina que não nos devemos fixar no que pusemos na cabeça.

Precisamos abrir os olhos para os Anjos que nos barram o caminho e nos impedem de ir adiante. Um Anjo assim pode se manifestar na resistência do marido ou da mulher ou dos filhos. Pode mostrar-se na recusa dos colaboradores para seguirem nossas instruções. Em lugar de forçar a resistência, seria melhor refletirmos se não é um Anjo que nos está fechando o caminho, que desejaria preservar-nos de decisões erradas, que nos impede de andar depressa demais porque o caminho é excessivamente íngreme.

7
O ANJO QUE CHAMA

No Livro dos Juízes, Deus sempre de novo chama pessoas para libertar Israel de sua miséria quando oprimido pelos filisteus ou madianitas. Quando todos os anos os madianitas destroem a colheita dos israelitas e o povo se empobrece, Deus envia seu Anjo a Gedeão: "Apareceu-lhe o Anjo do Senhor e lhe disse: o Senhor está contigo, valente guerreiro. Gedeão respondeu: Perdão, meu Senhor. Se o Senhor está conosco, por que nos acontece tudo isto?" (Jz 6,12s). Quando o Anjo o encarrega de libertar Israel das mãos de Madiã com a força que Deus lhe deu, ele objeta: "Perdão, meu Senhor. Como posso salvar Israel? Minha família é a menor de Manassés, e eu o mais novo na casa de meu pai" (Jz 6,15). Mas o Anjo não desiste: "Eu estarei contigo! Por isso baterás os inimigos como se fossem um só homem" (Jz 6,16). Gedeão traz para o Anjo carne e pão a fim de oferecer-lhe. O Anjo toca as ofertas com sua bengala. Então desce fogo do céu e consome tudo. Mas o Anjo desapareceu. Então Gedeão erigiu um altar e chamou-o: "O Senhor é paz" (Jz 6,24)

O Anjo promete a Gedeão que Deus mesmo há de estar com ele. Mas a realidade que Gedeão vê é inteiramente diversa. Por toda parte somente opressão. Não é possível perceber nada da presença do Deus que salva e ajuda. Muitas pessoas não conseguem crer em Deus porque nada vêem da ajuda divina. Tais pessoas sentem-se sós, oprimidas, exploradas, feridas, desamparadas. Ninguém intervém para ajudá-las. Os refugiados de Kosovo e de Ruanda não podem acreditar que o Senhor esteja com eles. Como Gedeão, eles perguntam: "Por que nos aconteceu tudo isto?" O Anjo não tenta convencer a Gedeão de que a situação é insuportável, ele apenas o chama e o envia. Ele mesmo, Gedeão, deverá acabar com a opressão, resolver a fatalidade. Isto parece estar fora da realidade. E com razão Gedeão procura escusar-se. Ele, como o mais jovem no mais fraco dos clãs, certamente não tem a mínima chance de ajudar a Israel. Mas o Anjo não entra nesse argumento. Ele o envia, confia-lhe a tarefa. Por um lado, lembra-lhe a força que recebeu de Deus e, por outro, garante-lhe a vitória, porque o próprio Deus está com ele.

A história deste Anjo lembra-nos a situação de crianças que experimentam violência e opressão, que não têm nenhuma chance de defender-se. Todo seu êxito, sua colheita, lhes é retirada. Quando consegue alguma coisa o filho não é elogiado. Pelo contrário, o que nele cresce lhe é retirado. Os pais usam-no para si. Não valorizam o filho quando ele obtém êxito, quando consegue alguma coisa, mas usam-no para suas próprias finalidades. Não entram em contato com ele. Só quando chega uma visita, aí o filho é apresentado como modelo. Então ele tem que mostrar o que sabe. Terá que recitar uma poesia ou cantar alguma coisa, quer queira quer não. A necessidade do filho não é levada em consideração. Só o que interessa é a "colheita". Só o que importa é o que ele sabe. Assim os pais podem pavonear-se diante da visita. O Anjo não protege a criança destas condições, mas chama-a para pôr mãos à obra e acabar com a opressão. Isto parece não ser realista. Pois um filho não pode modificar inteiramente a situação da família. Mas o Anjo infunde-lhe coragem para assumir ele próprio o controle da situação, para cuidar de si próprio. O Anjo está com ele justamente quando o filho tem a coragem de libertar-se da opressão. O Anjo aponta o que a criança possui de invulnerável, o que não pode ser violado pelas forças opressivas do seu ambiente. E o Anjo está ao lado da criança para que ela própria desenvolva estratégias para poder libertar-se.

No acompanhamento, continuamente conheci adultos que me contaram suas estratégias para se subtraírem à excessiva pressão de fora, quando crianças. É uma mulher que, na infância, ia ao campo e escavava buracos nos montes de feno, para onde se retirava. É a menina que se refugiava na igreja para procurar consolo com Maria. É o filho que se esconde no sótão. É aí que se encontra seu esconderijo secreto onde ele pode brincar. É aí que ele se sente livre. Ali a opressão não chega. Uma mulher conta-me que sempre se retirava para o bosque quando as coisas não iam bem. Para ela era este o lugar de refúgio. Ali ela acreditava nos Anjos que estavam a seu lado. Quando nos interrogamos por que as crianças desenvolvem tais estratégias de libertação, podemos perfeitamente explicá-las com a imagem do Anjo. Um Anjo envia a criança para, com a força que ela possui, fazer o que lhe faz bem, cuidar de si mesma, criar um lugar protegido que a ajude a sobreviver numa situação de tensão. Ele envia a criança para a luta. Não para a luta contra os pais. Porque então seria derrotada. Mas para a luta da libertação, encontrando e construindo nichos que a libertem do poder dos pais. Em lugar de lamentar-se por causa da opressão, o Anjo envia a criança à luta por si mesma, por sua liberdade.

Quando pessoas adultas se queixam de desamparo ao sofrerem perseguição no trabalho, ficando perturbadas, quando se queixam de sempre serem ofendidas por seus parentes e conhecidos e de que seu parceiro as oprime, elas deveriam invocar o Anjo que chama. Apesar de toda opressão, elas possuem força suficiente dentro de si para se libertarem dos opressores externos. E têm o Anjo a seu lado. Não estão sós em sua luta de libertação. O Anjo ativa as forças do ser humano. Desafia a pessoa a procurar estratégias para libertar-se da força de opressão dos outros. Em vez de nos comportarmos como vítimas desamparadas, devemos entrar em contato com nossa agressão e lutar por nós mesmos. Mesmo que para fora não pareçamos ter qualquer chance, haveremos de conseguir alguma coisa. O Anjo que nos chama luta ao nosso lado.

8
O ANJO QUE DÁ INSTRUÇÕES

Durante os 40 anos em que Israel esteve sob o poder dos filisteus, Deus enviou seu Anjo à mulher de Manué, que era estéril e não tinha filhos. "O Anjo do Senhor apareceu à mulher e lhe disse: És estéril e não tiveste filhos, mas conceberás e darás à luz um filho. Portanto, toma cuidado de não beber vinho nem bebida alcoólica, ou de comer qualquer coisa impura, porque o filho que conceberás e darás à luz será consagrado a Deus desde o seio materno; por isso a navalha não passará sobre sua cabeça. Ele começará a salvar Israel do poder dos filisteus" (Jz 13,3-5).

O Anjo promete um nascimento. Este é um tema que sempre de novo aparece no Antigo e no Novo Testamento. A anunciação a Maria em Lc 1 certamente retomou elementos desta aparição de Anjos em Jz 13. Mas com o Anjo que promete eu só desejaria ocupar-me mais tarde, quando meditar sobre o Anjo Gabriel. Para mim aqui é um outro aspecto que é importante. O Anjo dá à mulher de Manué instruções de como ela deve tratar o seu filho. Ele dá instruções, portanto, não ao filho mas sim aos pais. Dizendo aos pais o que eles devem fazer, cria o espaço de que o filho necessita para se tornar um nazireu. "Nazireu" quer dizer consagrado a Deus, puro, santo. É quem apresenta sem deformações a imagem original que Deus faz de cada criança. Este seria o verdadeiro objetivo da vida, o de tornarmos visível a pura imagem de Deus, de nos tornarmos inteiramente aquele ou aquela que somos no fundo do nosso coração. Com bastante freqüência a história de nossa vida nos força a desenvolvermos um eu falso, a nos moldarmos à força numa imagem que não corresponde ao nosso verdadeiro eu. O Anjo deseja guiar-nos ao caminho de nosso eu verdadeiro e original.

Para que o filho Sansão não seja deformado, mas possa viver sua imagem original, são exigidos alguns pressupostos da parte dos pais. O primeiro é que a mãe não beba vinho nem bebida alcoólica. Ela não deve embriagar-se. Deve permanecer sóbria, para reconhecer qual o mistério do filho. Muitos filhos são prejudicados em seu desenvolvimento porque a mãe ou o pai são alcoólatras. Nesse caso os pais ficam a tal ponto ocupados consigo mesmos que o filho não chega a ser convenientemente percebido. Uma senhora me contou que sua mãe era alcoólatra. Como menina, nunca podia falar com a mãe. O vício dela tornara-a incapaz de relacionar-se. Não deixava ninguém se aproximar. Assim, junto a ela a filha não podia experimentar a mínima segurança. E não tinha qualquer possibilidade de, no encontro com ela, aprender seu próprio papel de mulher. Mas não precisa ser sempre a embriaguez resultante do álcool. Muitos vivem uma embriaguez diferente. Têm a mente perturbada pelas ilusões que alimentam a respeito de si próprios e de seu filho. Seu olhar está turvo pelas feridas que eles próprios experimentaram, pela decepção, resignação, medo e depressão. Nesse caso, são incapazes de perceber a criança em sua peculiaridade. Numa tal atmosfera, o filho encontra dificuldades para viver sua imagem original.

Em nossa história, a mãe não deve cortar os cabelos do filho. O cabelo é considerado como símbolo da força da pessoa. Entre os homens, cabelos longos e abertos eram em diversas culturas considerados como símbolo da liberdade. Enquanto os cabelos de Sansão puderem crescer, ninguém será capaz de superá-lo. Com isto o Anjo dá aos pais a instrução de não roubar a força do filho. A navalha é uma imagem de tudo quanto pode podar energia da pessoa. Quando a mãe usa o filho para si e para suas próprias necessidades, ela o suga e retira-lhe a sua força. Quando o pai não leva o filho a sério e ridiculariza-o, o filho não pode descobrir sua própria força. Quando em sua violência o pai logo calca aos pés toda e qualquer manifestação de agressividade do filho, ele o poda de uma importante energia vital. Acompanhei um homem que em relação ao pai irado e violento desde cedo desenvolveu a estratégia de acomodar-se e ficar calado. Durante anos, isto o conduziu bem pela vida. Sempre foi uma pessoa agradável e fácil de tratar. Mas um dia ele não teve mais forças e foi acometido por depressões. A navalha da ira e da violência paternas havia cortado sua agressividade, privando-o assim de sua própria força. E desta forma ele não teve mais capacidade para defender-se dos inimigos, para se impor e batalhar em sua profissão.

O nome Sansão significa propriamente "Filho do Sol". A rigor todo filho é um filho do sol, uma criança em que a beleza do sol se reflete. Mas freqüentemente o filho cresce no reino das sombras, que obscurecem a luz que existe nele. Na história de Sansão o Anjo indica aos pais um comportamento que possibilita tornar realidade o filho do sol, a própria essência. A história parece confirmar a visão da psicologia, de que a criança é muito dependente de sua educação. Mas talvez possamos interpretar a história no sentido de que o Anjo que vigia sobre o filho também dá instruções aos pais a fim de ajudá-lo. Muitas vezes procede do filho alguma coisa que indica aos pais como devem tratá-lo. Quando os pais são sensíveis e escutam o Anjo do filho, percebem o que é que lhe faz bem, qual é a característica particular deste filho, e que espaço devem oferecer-lhe para que possa viver seu verdadeiro ser.

As instruções do Anjo valem não apenas para os pais de uma criança, elas valem para todos nós. Não devemos embriagar-nos com ilusões de qualquer espécie que possamos ter a nosso próprio respeito. Não podemos deixar a navalha cortar os cabelos de nossa própria força. Conheço muitas pessoas que se podaram da importante energia vital de sua agressividade. Mas tais pessoas tornam-se joguetes de forças estranhas, permitem que sua vida seja determinada por outros. Estas pessoas não conseguem estabelecer limites diante dos outros. Não sabem dizer não. Desejariam realizar todas as expectativas que os outros têm a seu respeito. Mas com isto ficam sobrecarregadas. Dirigem então sua agressividade contra si próprias e contra as outras pessoas. Mas não sabem tratar esta agressividade de uma maneira produtiva. São corroídas por agressões que não têm nenhum objetivo claro. Ficam com raiva das pessoas que esperam muito delas. E ficam com raiva de si próprias, porque não sabem se impor limites em relação às expectativas dos outros. Uma mulher tinha raiva da mãe porque a mãe sempre esperava que ela a visitasse com maior freqüência. Perguntei-lhe por que ficava com raiva. A mãe não podia deixar de ter suas expectativas. Mas aceitar ou rejeitar estas expectativas, isto dependia dela. Esta mulher tinha necessidade de um Anjo que lhe desse instruções para conviver com sua agressividade. O Anjo iria dizer-lhe que ela não deveria podar sua energia vital. E que não deveria deixar-se embriagar por sua amargura e insatisfação. Deveria ver com clareza o que é exigido dela e o que ela pode prestar. Com o Anjo a seu lado, a mulher poderia suportar a vida sem ficar com raiva de todos. Alguns talvez pensem que isto seja uma visão psicológica, que para isso não seria necessário Anjo nenhum. A imagem dos Anjos mostra-nos aqui que Deus envia seus mensageiros até para os assuntos corriqueiros do nosso dia-a-dia. Mesmo quando temos que nos ocupar com nossas agressões, a presença salvífica de Deus deseja mostrar-nos um caminho para que nos comportemos de modo sóbrio e adequado, e assim isto sirva para a vida, em vez de corroer-nos.

9

O ANJO QUE CURA (RAFAEL)

Um papel importante é desempenhado por um Anjo na história de Tobit. Tobit envia seu filho Tobias a seu parente Gabael para ir buscar o dinheiro que lhe havia confiado para guardar. Tobias procura um companheiro de viagem e encontra Rafael. Na despedida Tobit deseja aos dois que um Anjo de Deus os acompanhe. Ele não sabe que o próprio Rafael é um Anjo. O nome Rafael significa "Deus cura". E a história de Tobit refere duas curas. Primeiro Rafael, por meio de suas instruções, cura Sara, a filha de Ragüel. Ela já se havia casado com sete homens, mas todos haviam morrido na alcova nupcial. Ao que tudo indica, ela não era capaz de uma relação de amor com um ser humano. Um demônio a amava e matava todos os seus maridos. Este demônio é imagem de um complexo masculino de Sara. Provavelmente ela desejava de qualquer maneira um marido, mas não conseguia suportá-lo, tinha que matá-lo assim que ele se aproximava. Tais complexos masculinos também não são lá tão raros em nossos dias. Quando uma mulher está possessa de um "demônio matador de homens", nenhum ser humano consegue ficar ao lado dela por muito tempo sem perecer. Tobias tem medo de tomar Sara por mulher. Pois poderia acontecer-lhe o mesmo que acontecera com os outros. Mas Rafael o encoraja. Ele deverá queimar num vaso um pedaço do coração e do fígado do peixe que haviam pescado no caminho. O cheiro haveria de expulsar o demônio. Mas coração e fígado são a sede dos sentimentos e do amor, não é sem razão que se fala de um "coração destroçado" ou de uma "pessoa de maus fígados, de maus bofes", no sentido de mau caráter. O amor tem que ser transformado para conseguir curar; pois também existe um amor possessivo e mortal. Só pelo calor do fogo este amor pode transformar-se em amor verdadeiro. O demônio que torna a moça incapaz para o casamento pode ser o pai, de quem ela está tão possuída que na realidade não consegue admitir nenhum outro homem. Mas também pode ser o medo da sexualidade, que mata quando um homem procura contato sexual com ela. Rafael cura a jovem ensinando a Tobias a maneira de aproximar-se. E com a cura ele possibilita a felicidade dos dois.

Uma segunda vez Rafael intervém curando. Ao retornar, ele cura Tobit de sua cegueira. Ele ordena a Tobias que passe o fel do peixe sobre os olhos do pai. "O remédio fará as manchas brancas se contraírem, e elas cairão de seus olhos como escamas. Assim teu pai vai recuperar a vista e verá a luz" (Tb 11,8). O fel é símbolo das agressões. Esta história nos mostra: através da agressão, o filho deve estabelecer os limites em relação ao pai. Ele tem que sair da simbiose. Do contrário, o pai permanecerá cego. Só quando o filho encontra o seu próprio caminho e sadiamente se distancia do pai é que o pai também cai em si. Ele precisa esfregar o fel doloroso sobre seus olhos para que o pai possa abrir os olhos e ver o filho como ele realmente é. Certamente a cegueira de Tobit também tem algo a ver com sua estreita espiritualidade. Tobit é fiel à lei. Mas não percebe como sua vida cada vez mais se obscurece, de tantas leis que desejaria observar com o máximo rigor. Quando as leis são mais importantes para mim do que a vida, minhas agressões voltam-se contra mim mesmo. Ao esfregar o fel ardente sobre os olhos, Tobit, de uma maneira positiva, entra em contato com sua própria agressão. E assim sua piedade perde o caráter agressivo. Cheio de alegria o pai lança-se ao pescoço do filho e diz entre lágrimas: "Bendito seja Deus, bendito seja seu grande nome. Benditos sejam todos os seus santos Anjos, por todos os séculos. Porque ele me castigou, mas de novo teve misericórdia de mim: agora vejo Tobias, meu filho!" (Tb 11,14).

Rafael é aqui não apenas o Anjo que cura as feridas, como a possessão de Sara e a cegueira de Tobit, mas também o Anjo que possibilita as relações sadias. Ele introduz o jovem Tobias na arte de viver e de amar. Através de Rafael, Tobias torna-se capaz de amar sua mulher sem ser morto por ela. E aprende a amar seu pai sem ser determinado por ele. Estas duas formas de amor não são assim tão fáceis de aprender. Pois tanto num terreno como no outro existem numerosas complicações. O amor entre homem e mulher pode se transformar numa luta fatal pelo poder. E o amor aos pais pode impedir a vida, quando a separação não ocorre. A história de Tobit conhece as dificuldades para aprender estas duas formas de amor. E promete-nos que um Anjo também nos há de acompanhar, um Anjo que nos introduz na arte de amar.

Muitas vezes os pais têm medo quando o filho leva para casa a amiga com quem desejaria casar-se. Ou olham com grande suspeita o homem que sua filha escolheu. É consolador saber que também aqui existe um Anjo que acompanha o filho e a filha, ensinando-lhes a arte de amar. A confiança no Anjo, que justamente neste difícil caminho acompanha o filho, alivia os pais de suas preocupações exageradas. O Anjo há de trazer uma boa variação no caminho dos pais, há de possibilitar o amor entre os amigos. Porém, *a posteriori*, os pais muitas vezes têm razão ao intuírem que este homem não serve para sua filha, e que esta mulher vai corromper seu filho e arruiná-lo moralmente. A fé no Anjo não cura todas as feridas possíveis neste terreno. Às vezes os filhos têm que sofrer a experiência do fracasso e da escolha errada, para depois se tornarem capazes de uma relação sadia. Quando os pais se intrometem em demasia na escolha do parceiro, os filhos e filhas se endurecem mais ainda em sua escolha e aderem ainda mais ao parceiro, mesmo que em seu coração tenham alguma dúvida. Mas, para não parecerem imaturos diante dos pais, eles reprimem toda dúvida, querendo mostrar que sabem o que é certo.

Quando uma relação fracassa, aí é que se faz mesmo necessário um Anjo para acompanhar o filho ou a filha e instruí-los nos caminhos da arte de amar. Na história de Rafael, o Anjo só se manifesta no final. Assim muitas vezes hão de ser os amigos que ficam como Anjos ao lado dos filhos e que os levam para a frente, mesmo quando de início tudo parece sem saída. Às vezes o Anjo também pode ser encontrado na intuição do filho ou da filha. O sentimento infalível para o parceiro ou parceira há de impor-se, mesmo quando de início o filho fica cego em sua paixão, ou quando a filha se deixa explorar sem limites por seu namorado. Tudo quanto os pais digam em contrário de nada serve. Os pais não podem fazer outra coisa senão confiar no Anjo que atua no coração de seus filhos e que depois de longos caminhos, como os que Tobias teve que percorrer, lhes há de dar um amor que dê certo.

Rafael também cura as relações com os pais. Primeiro, Tobias tem que percorrer um longo e perigoso caminho a uma terra distante para entrar numa nova relação com o pai. É verdade que é por mando do pai que ele se põe a caminho. Mas durante a viagem o pai não tem mais influência sobre ele. Aí ele entra na escola do Anjo. Rafael o introduz no mistério da sexualidade e do amor. Rafael protege-o dos perigos. E o Anjo o acompanha, de modo que mesmo na terra distante Tobias sente-se envolvido pela presença de Deus. Tobias toma a liberdade de fazer o pai esperar por mais tempo do que ele desejava. E quando o encontra novamente, esfrega-lhe o fel ardente. Sua relação com os pais modificou-se. Agora ele não é mais apenas obediente. Escuta o Anjo, ouve sua voz interior. Esta mostra-lhe o caminho. Quando o filho e a filha tiverem aprendido a escutar o seu Anjo e a segui-lo, então a relação com os pais se terá modificado, então eles poderão tratar com os pais como adultos, cheios de alegria com as boas coisas que receberam deles, mas também numa sadia distância daquilo que cegou e endureceu os pais. Então, não são mais determinados pela voz dos pais que possa ter se estabelecido em seu superego, mas sim pela voz interior do seu coração. Ali o Anjo lhes fala e mostra-lhes o que é conveniente.

10
O ANJO QUE ABRANDA O FOGO

O Livro de Daniel nos conta a história dos três jovens na fornalha ardente. Três jovens judeus recusam-se a adorar a estátua de ouro que o rei Nabucodonosor mandara erguer. Então eles são amarrados e jogados na fornalha ardente. As chamas que saem da fornalha matam todos os caldeus que se aproximam. "Mas o Anjo do Senhor tinha descido simultaneamente na fornalha para junto de Azarias e seus companheiros; expeliu da fornalha as labaredas de fogo, deixando o interior da fornalha como se ele fosse um vento de orvalho refrescante. O fogo nem chegou a tocar aqueles homens; não lhes causou dor ou qualquer moléstia" (Dn 3,49s).

O fogo possui significados muito diversos. Ele purifica e renova. Pode destruir. Mas do fogo alguém também pode renascer para um plano mais elevado. Assim se conta que a ave Fênix que a cada 500 anos se consome no fogo e depois renasce das cinzas. Para os Padres da Igreja ele simboliza Cristo, que na ressurreição supera a morte. Mas o fogo também pode ser símbolo da sexualidade, da paixão e do amor. O fogo pode ser valioso. Assim os germanos nunca podiam deixar o fogo se apagar na lareira. O fogo vem do céu. Prometeu roubou-o dos deuses e o deu aos homens. Mas o fogo também pode ser imagem do mau e do diabólico. Pode destruir e carregar tudo consigo. O fogo destruiu cidades inteiras. No inferno, arde o fogo eterno que serve de eterno castigo para os condenados. Desta forma o fogo passa a ser imagem de tormentos e dores. As dores podem queimar como fogo.

O rei lança os jovens na fornalha ardente a fim de queimá-los. Aqui o fogo é perigoso. Quando num jovem se acende o fogo da paixão, quando ele se depara com o fogo de sua sexualidade, isto pode ter conseqüências mortais. Ele já não consegue pensar com clareza. Suas emoções são como um fogo que queima dentro dele. Na puberdade e no primeiro amor, os jovens passam por tais experiências.

Mas nesta história, o fogo é imagem também da agressão e hostilidade do rei. Dele se diz: "Seu rosto ficou tão cheio de furor que ... mandou pôr sete vezes mais fogo na fornalha que de costume" (Dn 3,19). Os jovens são lançados no fogo do ódio provocado pela recusa de adorar o rei. O amor não correspondido, ou a recusa de admirar um ser humano e demonstrar-lhe honras quase divinas, pode provocar numa pessoa obcecada pelo poder um ódio tal que arde como fogo. Então a mensagem do profeta Daniel é que os jovens não são deixados sós, que eles não ficam sem proteção entregues à ira, mas que um Anjo desce com eles para a fornalha ardente e mitiga o calor da chama.

Aquele que está exposto ao ódio de outros precisa de um Anjo que o proteja, que se coloque à sua frente para que a ira não o possa atingir. E quem se vê confrontado com o fogo de suas próprias paixões precisa de um companheiro sensível que esteja a seu lado. Este não deve ter medo do fogo desta paixão, do fogo da sexualidade que irrompe. Deve, como o Anjo, descer para a fornalha ardente de suas paixões. Um bom companheiro vê as paixões do jovem e não as condena. Ele não quer manter o fogo longe de si simplesmente dando ao jovem prescrições rígidas, ou ameaçando-o com o fogo do inferno se não dominar suas paixões. Tem compreensão com o fogo que arde nele, mas também mostra-lhe caminhos para lidar com o fogo sem ficar queimado.

O Anjo não se manifesta apenas nos companheiros que nos ajudam quando somos visitados pelo fogo das paixões. Todo ser humano tem o seu Anjo. Existe algo dentro dele que desce com ele para a fogueira. Algo que o preserva do fogo interior. Todo ser humano possui dentro de si um lugar a partir do qual pode olhar o fogo sem se queimar. Este lugar poderíamos chamar a consciência, a partir da qual julgamos o que acontece conosco. Ou então é o eu interior, a imagem autêntica de Deus em nós, que pode perceber o que acontece em nossa psique sem que seja por isto determinada. A história nos diz que é um Anjo que está ao nosso lado quando somos lançados na fornalha de nossas emoções. E o Anjo transforma o fogo, tornando-o parecido com um vento refrescante. Mesmo em meio ao fogo existe dentro de nós um lugar protegido. É o espaço interior do silêncio, onde o Anjo está conosco, onde o próprio Deus mora conosco.

Não é só com os jovens que acontece serem lançados ao fogo. Também muitos adultos sempre de novo passam por situações semelhantes. Mesmo que já se tenham encontrado há muito com a sexualidade, mesmo que acreditem havê-la integrado, eles caem em situações onde o fogo volta a irromper dentro deles e ameaça queimá-los. É o homem mais velho que se apaixona por uma mulher jovem. Ele se torna irreconhecível. Não vê outra saída senão o suicídio. Mas um Anjo o preserva disto. O Anjo entra no fogo – e transforma-o. É a mulher bem casada que se depara com um homem jovem, por todos considerado como um aproveitador e tratante. Mas ela está apaixonada. Abandona tudo e deixa seu marido para entregar-se a este homem, que ainda por cima a explora. O marido e os amigos da família vêem tudo perplexos, sem saber explicar o que está ocorrendo. Parece que nenhum Anjo estava ao lado dela. Só se pode esperar que, apesar de tudo, o Anjo esteja com ela e que um dia ele mitigue o fogo, de modo que ela possa ver claro e viver sua própria vida. O Anjo não preserva os três jovens de serem lançados na fornalha, preserva-os apenas de se queimarem. Assim, mesmo em situações aparentemente sem saída jamais devemos perder a esperança de que em meio ao fogo da paixão um Anjo esteja com a pessoa e que faça soprar-lhe um vento refrescante, de modo a poder libertar-se do fogo destruidor.

A fornalha simboliza muitas situações em nossa vida. Aparece um incêndio numa casa. Um bombeiro tem a coragem de entrar na casa em chamas e salvar aquela criança ou aquele velho. Numa firma alguém cai sob o bombardeio da crítica. Muitos o abandonam. Mas um colaborador coloca-se à sua frente e impede que o fogo o consuma. Os muitos conflitos entre grupos cheios de ódio desencadeiam um grande incêndio, como na antiga Iugoslávia, em Ruanda ou em Burundi. Muitas vezes apenas ficamos olhando de longe como as pessoas são consumidas no fogo do ódio. Mas sempre de novo existem Anjos que tentam entrar na fornalha para atenuar as ondas da paixão e com seu amor trazer um vento refrescante para as pessoas. E existem pessoas que não se deixam contaminar pelo fogo do ódio, porque existe nelas um Anjo que as preserva do fogo. O Anjo que está em seu coração as enche de reconciliação e de amor, criando assim dentro do fogo um lugar onde o fogo não pode atingir. Neste lugar de perdão e compaixão, o fogo perde a sua força. E pouco a pouco se apaga no coração que permaneceu puro.

11
O ANJO QUE LIBERTA DA CAVERNA DOS LEÕES

À semelhança da história dos três jovens na fornalha ardente, os oficiais do rei acusam Daniel de haver transgredido a lei e rezado ao seu Deus, em vez de rezar ao rei. Só que desta vez o rei dos persas, Dario, simpatiza com o judeu exilado Daniel. Mas os outros reis, os sátrapas, têm inveja dele. "Pois sobressaía por seu espírito exímio" (Dn 6,4). Dario fica dividido entre sua amizade a Daniel e sua obrigação para com a própria lei. Ele desejaria salvar Daniel. Mas os sátrapas lembram-lhe a lei irrevogável dos medos e persas. Assim ele cede e permite que Daniel seja jogado na cova dos leões. Mas deseja ao seu amigo que seu Deus o livre dos leões. Dario passa a noite sem poder dormir e já de manhã cedo vem à cova dos leões e chama por Daniel. Este lhe responde: "O meu Deus enviou seu Anjo que fechou a boca dos leões, de modo que não me fizeram mal, porque fui considerado inocente na presença dele; tampouco pratiquei qualquer crime contra ti, Majestade" (Dn 6,23).

O leão é considerado como o rei dos animais. Por um lado, ele é a imagem do poder e da justiça, sendo muitas vezes representado ao lado do trono de deuses e soberanos. O leão pode ser imagem de Cristo, designado como "Leão de Judá". Mas pode ser também imagem do diabo, que como um leão que ruge anda rondando à procura de quem devorar (cf. 1Pd 5,8). É considerado como imagem das forças de desgraça, ameaça e castigo. E é o representante da indomada ferocidade e das agressões descontroladas. Quando Daniel é obrigado a passar a noite inteira na caverna, isto pode significar que ele está entregue às suas próprias agressões, à sua própria selvageria, a seus impulsos assassinos. A agressão pode ser uma força positiva. Ela pode regular a relação entre aproximar-se e manter distância. Dá-nos coragem para nos delimitarmos em relação aos outros e para nos defendermos de suas ofensas. Mas também surgem agressões em nós que ameaçam destruir-nos. Uma mulher contou-me que em relação ao seu marido, que como alcoólatra fizera da vida dela um inferno, sentia por vezes um ódio tão intenso a ponto de desejar matá-lo. Ela própria ficou espantada com sua agressividade indomada. Ou uma pessoa chega a perder a esportiva, quando vê um colega que a caluniou diante do chefe e lhe armou intrigas. Tais agressões caem sobre ela e ameaçam despedaçá-la, sem que ela possa defender-se. Quando as crianças se tornam agressivas, muitas vezes suas agressões são respondidas com violência. Isto as leva a reprimirem suas energias agressivas, a se acomodarem e se tornarem boazinhas. Mas então as agressões voltam-se contra elas próprias e se tornam depressivas e fracas. Têm necessidade de toda sua energia para manter sob controle seu potencial agressivo. Outras crianças parecem estar irremediavelmente entregues à sua agressão. Rolam no chão e esperneiam de raiva. Quanto mais os pais se endurecem em sua angústia, tanto mais indomadas tornam-se as agressões. É preciso um Anjo que desça até às agressões da criança, a fim de protegê-la de sua fúria destruidora. É necessário que os pais tenham a coragem de olhar de frente as agressões dos filhos, para que eles possam modificar-se.

Deus envia seu Anjo a Daniel na cova dos leões e fecha-lhes a goela. Quando o Anjo impõe sobre nós sua mão protetora, nós nos distanciamos de nossas agressões. Então elas deixam de ser dentes afiados que nos mordem. Sua boca é fechada. Não podem mais morder com força a nossa alma. Vivemos a seu lado e podemos conviver com elas. Em muitas histórias de monges conta-se que monges amansaram leões. Quando alguém aprendeu a entender suas agressões, quando elas o servem em vez de o dominarem, até os animais sentem isto e vivem em paz com o ser humano. Toda força e energia ficam de prontidão quando delas necessitamos. Do contrário, permanecem em nós como os leões com Daniel. Daniel está convencido de que foi um Anjo de Deus que fechou as goelas dos leões. O Anjo que nos transmite a presença protetora de Deus acalma as agressões que pretendiam devorar-nos. Daniel pode dormir tranqüilamente ao lado dos leões. Cresce junto com eles. Adquire familiaridade com eles. Mas isso só lhe é possível porque ele se sente protegido pelo Anjo. O Anjo nos torna capazes de uma convivência pacífica com as agressões. Não nos fixamos nelas de modo doentio, mas conseguimos olhar para elas sem medo e observar como se comportam.

A noite que Daniel passa com os leões é uma imagem do inconsciente. Em nosso inconsciente é que se decide se somos devorados pelas forças agressivas ou se haveremos de conviver pacificamente com elas. Em sonhos, nos deparamos muitas vezes com leões que nos perseguem. Eles mostram que estamos fugindo da própria agressividade, que não a aceitamos ainda. Nos sonhos, nos sentimos muitas vezes desinibidamente agressivos. Neles nos defendemos contra as pessoas que nos parecem hostis, e por vezes chegamos a matá-las. Em nosso inconsciente existem tendências assassinas, agressões indomadas, forças selvagens. Mas quando o sonho nos leva a confrontar-nos com o leão que existe em nós, ele não nos deixa sozinhos. Pois no sonho o Anjo de Deus nos fala. Ele desce conosco para nossa cova dos leões, para não sermos despedaçados. O sonho obriga-nos também a olhar de frente o leão que existe em nós. Mostra-nos um caminho para fazermos amizade com eles e integrarmos suas forças em nossa psique. Quando na oração meditamos esses sonhos diante de Deus, perdemos o medo de nossas agressões indomadas. Na oração, podemos conversar com o leão que existe em nós e perguntar-lhe o que ele nos diz e que caminho nos quer apontar. Talvez descubramos então que ele desejaria ajudar-nos, que nos protege de pessoas hostis cuja inveja os levou a prejudicar-nos.

É assim que Daniel o sente. Quando é libertado da cova dos leões, seus acusadores nela são lançados. "Eles ainda não tinham atingido o fundo da cova, quando os leões caíram sobre eles, triturando-lhes todos os ossos" (Dn 6,25). O Anjo que estava junto a Daniel, ou em seu coração, livrou-o dos leões. As pessoas invejosas, que não prestaram ouvidos a seu Anjo, mas se deixaram dominar por sua agressividade, são despedaçadas pelos leões. Desde então Daniel foi bem-sucedido junto ao rei Dario. Quem confia nos seus Anjos e não fica obcecado pelo medo das patas dos leões, certamente há de percorrer seu caminho sob a proteção de Deus. Por mais numerosos que sejam os que em sua inveja e ciúme lutam contra eles, eles não haverão de sofrer dano. Esta é a mensagem consoladora desta história bíblica de Anjos.

12
O ANJO QUE TOCA E DESPERTA

Elias, decerto o maior profeta do Antigo Testamento, um homem apaixonado, caíra em crise. Numa grande disputa ele saíra vencedor sobre os sacerdotes de Baal e os mandara matar a todos. Parece encontrar-se no ápice de seu êxito. Mas agora a rainha Jezabel levanta-se contra ele procurando tirar-lhe a vida. De repente, este homem combativo fica atemorizado. Não quer mais continuar, foge para o deserto a fim de salvar a vida. E ali, na solidão, alcança-o a própria agressividade. Dirige-se contra ele próprio. Elias fugiu para o deserto a fim de salvar sua vida. Mas agora ele não tem mais vontade de viver. Deseja a morte. Está farto de lutar e combater. Não agüenta mais. Lutou contra os sacerdotes de Baal consciente de estar cumprindo a vontade de Deus. Mas agora não sente mais motivação alguma para a luta. Tem a sensação de que todo seu esforço por Deus foi em vão. Não vê outra saída senão a morte. Deita-se debaixo de um junípero e adormece. O junípero espinhoso é símbolo do pecado, por cuja causa o ser humano tem que cultivar seu campo cheio de espinhos e abrolhos. Deitando-se sob o junípero, Elias reconhece que é cheio de pecados, exatamente como os adoradores de Baal, contra os quais ele havia lutado com tanta paixão. Está resignado, decepcionado consigo mesmo.

"De repente, um Anjo o cutucou, dizendo: Levanta-te e come! Quando abriu os olhos, viu à cabeceira um pão assado sobre pedras ardentes e um jarro de água; comeu e bebeu e voltou a se deitar. Mas o Anjo do Senhor o tocou uma segunda vez, dizendo: Levanta-te e come, senão a caminhada será longa demais para ti. Elias se levantou, comeu e bebeu e com a força deste alimento andou 40 dias e 40 noites, até chegar ao monte de Deus, Horeb" (1Rs 19,5-8)

Para Elias, toda sua idéia da vida estava quebrada. E o ideal que ele se impusera, destruído. Em meio a este impasse, ele não consegue mais ir adiante. Já não existe um caminho para ele. Não tem mais força, não tem mais objetivo na vida. Tudo parece fechado. Quando não pode mais se ajudar a si próprio, quando chega ao fim, vem um Anjo e o toca. Desperta-o e mostra-lhe o pão assado na cinza e a água. Aponta-lhe uma força que não provém dele mesmo. O pão nos fortifica no caminho: é também a imagem do alimento espiritual. O pão que foi assado nas cinzas de suas esperanças perdidas é imagem daquilo que realmente alimenta quando as ilusões se desvanecem. A água não extingue a sede, mas é uma promessa de que a vida volta a fluir em nós, de que a rigidez será quebrada e a secura voltará a se encher de nova vida. A água é a imagem de fecundidade e renovação. Pão e água apontam para a transformação que ocorre com Elias quando, ao não ver mais saída, um Anjo o toca e o desperta. É consolador que Elias compreende a mensagem do Anjo e não obstante se deita novamente e continua a dormir. Ele aceita o fortificante, mas apenas para voltar a se refugiar no sono. Ao que tudo indica, não basta o Anjo tocá-lo apenas uma vez.

No Elias debaixo do junípero, muitas pessoas se reconhecem. Elas sentem-se cansadas. Não querem mais lutar. Mas num dado momento, chegam ao limite. Entraram num beco sem saída, de onde não podem mais libertar-se por suas próprias forças. O edifício de sua vida desmoronou. Sempre quiseram criar uma família sadia. Mas eis que agora a família se desintegra. Os filhos andam seus próprios caminhos. O parceiro de casamento se separa. Agora não têm mais força. Empenharam-se por uma comunidade paroquial viva. Mas agora seu empenho não é mais desejado. Engajaram-se no seu partido político por uma sociedade mais humana. Esgotaram-se na profissão. E agora estas pessoas sentem-se abandonadas. Suas idéias, suas ações, não são mais solicitadas. Em situações como estas, precisamos de um Anjo que nos desperte. Às vezes, é uma pessoa que nos sacode e nos abre os olhos, nos dá algo que realmente nos fortifica. Sua dedicação e amor, sua amabilidade e compreensão nos alimentam. Mostram-nos que nosso caminho continua. No entanto, às vezes logo voltamos a cair nos mesmos erros. Agora pensamos que tudo não serviu de nada. Mas então um Anjo nos toca mais uma vez e nos faz levantar. Ele nos abre os olhos para os recursos que já existem em nossa vida e a que podemos recorrer. E agora podemos novamente nos pôr a caminho. Mas não é nenhum passeio bonito e agradável, e sim um caminho que nos conduz quarenta dias e quarenta noites através do deserto. 40 é o número da transformação. Depois de 40 dias surge do dilúvio o mundo renovado. Depois de 40 anos Israel alcança a Terra Prometida, onde pode ser inteiramente ele mesmo.

O Anjo que nos desperta do nosso sono mortal também pode ser uma palavra que ouvimos, ou que lemos em algum lugar. Talvez já a tenhamos lido muitas vezes, sem que nos despertasse a atenção. Mas agora, de repente, ela nos atinge e nos sacode e desperta. Pode ser a experiência de uma paz interior que repentinamente cai sobre nós. E o Anjo pode estar dentro de nós mesmos. Através de um sonho, ele pode mostrar as possibilidades que não havíamos percebido. Ou fazer crescer dentro de nós uma compreensão que nos faz levantar novamente. Muitas vezes, não sabemos de onde o Anjo vem. De repente, sentimo-nos tocados e despertados. Ou é uma experiência espiritual que nos atinge como raio em céu azul, numa meditação, num passeio, na contemplação de um pôr-de-sol. De repente, tudo fica claro. Podemos levantar-nos e pôr-nos a caminho.

Quando consideramos a história de nossa vida no fundo da narrativa de Elias, sempre de novo nos haveremos de deparar com Anjos que nos sacudiram. Com quanto mais intensidade combatemos por alguma causa, tanto pior a experiência do beco sem saída em que entramos. Com a força da agressão, não podemos vencer todos os sacerdotes de Baal em nós e ao redor de nós. Quanto mais combatemos contra algo, tanto mais forte se torna a reação que nos vem do que combatemos. O que combatemos quer ser visto e integrado em nosso conceito de vida. Quando há 35 anos eu entrei no convento, eu também pensava que com minha disciplina e força de vontade poderia derrotar todos os sacerdotes de Baal dentro de mim, que poderia forçar minha falta de controle e erradicar minhas faltas e fraquezas. Mas então fracassei, exatamente como Elias. Minha vida se tornou rígida. Senti que jamais o haveria de conseguir. Em minha impotência tive que admitir que também eu não era melhor do que os outros, do que meus pais, do que meus confrades que constantemente eu criticava.

Muitos imaginaram que podiam fazer tudo melhor do que seus pais. Queriam educar melhor os filhos, comunicar-se melhor e mais claramente com o parceiro do casamento, melhor do que haviam observado nos pais. Mas em algum momento reconheceram que também eles não são melhores do que seus pais, que repetem os mesmos erros, que ferem seus filhos da mesma maneira como foram feridos quando crianças. É preciso um Anjo que os tire desse círculo vicioso. Basta olharmos melhor, que em cada momento de nossa vida descobriremos também um Anjo ao nosso lado, um Anjo que nos toca e nos desperta do sono de nossas ilusões. O Anjo nos abre os olhos para conseguirmos ver perto de nós o que nos alimenta. Mesmo no deserto, onde tudo parece seco e vazio, existe pão e água, existe amor e dedicação, existe a amizade e a comunhão dos que pensam da mesma maneira. Mesmo que não experimentemos a dedicação de outras pessoas, dentro de nós existe uma qualidade de amor com que nos amamos a nós mesmos, com que podemos nos aproximar de nós mesmos. O Anjo dentro de nós nos aponta para o amor que já se encontra em nós. Liberta-nos das constantes queixas de que ninguém gosta de nós. Ele, o Anjo, gosta de nós, põe-nos em contato com o lugar em que nós mesmos gostamos de nós, em que conseguimos amar.

Mas a escola do Anjo ainda não termina para Elias com o levantar-se e o pôr-se-a-caminho. Depois de 40 dias, ele chega ao monte de Deus, ao monte Horeb. Ali entra numa caverna para pernoitar. A caverna é um símbolo do seio materno. Depois da peregrinação no deserto, ele anseia novamente pela segurança materna. Gostaria de experimentar Deus como seio materno. Mas Deus o chama para fora da caverna. Elias tem que apresentar-se. Ele tem que subir ao monte, onde o vento o envolve. E então Deus lhe mostra que é diferente do que Elias o imaginara até então. Deus não está na tempestade que despedaça os rochedos. Deus não é aquele que remove todos os obstáculos do caminho e me arrasta cheio de entusiasmo para a luta.

Deus não está no terremoto. Muitas vezes eu sinto vontade de experimentar Deus de tal maneira que tudo se modifique em mim e ao meu redor, que não fique pedra sobre pedra, que tudo em mim esteja a temer e a tremer. Mas eu não encontro Deus primeiramente em seu poder que destrói tudo quanto se lhe opõe.

Deus não está no fogo. O fogo queima e purifica tudo quanto é imperfeito. Eu não encontro Deus no meu perfeccionismo, que gostaria de erradicar todos os erros. Deus eu encontro na "brisa tranqüila e suave" (Martinho Lutero), na "voz suspensa do silêncio" (Martin Buber), na "voz de uma leve calma". Encontro Deus na ternura, na suavidade e no silêncio. Como tranqüila calma, como tênue hálito, é que ele pode ser vislumbrado. O Anjo que introduz Elias nesta suave e tranqüila experiência de Deus também desejaria guiar-me para o Deus que vem ao meu encontro sobretudo no silêncio. Toda crise em que eu caio irá abalar também minha imagem de Deus. Então preciso de um Anjo que me acompanhe quando minhas imagens de Deus se despedaçarem, que me introduza no mistério do Deus inteiramente outro, do Deus que vislumbro quando ouço os leves toques de meu coração, quando como Elias entro dentro de mim e cubro o rosto com o manto. Envolvido, protegido das distrações exteriores, eu ouvirei então na calma, para vislumbrar o Deus que só se aproxima de mim no silêncio.

13
O ANJO QUE NOS GUARDA EM TODOS OS CAMINHOS

Félix Mendelssohn-Bartholdy, em seu oratório *Elias*, continuamente apresenta Anjos que falam ao profeta e o consolam. Célebre é seu quarteto dos Anjos, onde ele apresenta as palavras do Salmo 91 de uma maneira tal que através da música os Anjos tocam o coração e o penetram: "Pois ordenou aos seus Anjos que te guardem em todos os teus caminhos, que te levem nas mãos para que teu pé não tropece em alguma pedra". Ao ouvir estas palavras, sentimo-nos realmente protegidos e carregados nas mãos. É uma música que cura, uma experiência de Deus transformada em música.

As palavras do Salmo 91 sempre sensibilizaram as pessoas. Em nossos caminhos tropeçamos em muitas pedras que nos ferem. Encontramos leões e víboras e dragões, deparamo-nos com atos de agressão, com mentes venenosas e hostis, com atmosferas de veneno e pessoas que nos sugam e nos devoram. As situações descritas pelo salmo são situações arquetípicas. Muitas vezes, sentimo-nos desamparados em face do veneno e da inveja das pessoas. Não conseguimos defender-nos dos que nos impõem expectativas grandes demais, que nos tiram a liberdade. Mas o salmo promete-nos que o Anjo nos tornará capazes de andar sobre leões e víboras e dragões (Sl 91,13). Quando estivermos em contato com o Anjo que está em nós, leões e serpentes não nos poderão fazer mal. O Anjo nos põe em contato com a esfera invulnerável que existe em nosso íntimo, o lugar do silêncio interior, onde mora em nós o próprio Deus. Ali leão nenhum poderá penetrar, serpente alguma há de insinuar-se.

Duas imagens caracterizam o Anjo que nos protege das pedras, dos leões e dragões. Ele nos guarda e nos carrega em suas mãos. Guardar se entende que o Anjo vigia sobre nós e por nós, que ele presta atenção quando somos desatentos e descuidadamente percorremos nossos caminhos. E guardar significa que o Anjo nos toma sob sua proteção, que ele nos encobre protegendo-nos. Ele como que nos envolve em sua presença santificante, para que as agressões das pessoas não nos atinjam, e o veneno das emoções venenosas não nos possa prejudicar. E o Anjo nos carrega em suas mãos. Ele nos ergue da terra para não tropeçarmos a cada momento nas pedras que estão no caminho. Carrega-nos para não tocarmos mais nos obstáculos. Ergue-nos a um outro plano, a partir do qual podemos ver o que se passa em torno de nós, que jogos as pessoas fazem conosco. Em suas mãos estamos em um nível mais elevado e não nos envolvemos mais com os atritos do dia-a-dia. O contato com o caminho pedregoso e poeirento foi suspenso. Isto nos liberta das torturas a que com tanta freqüência estamos expostos e a que tão facilmente nos deixamos levar.

Não devemos considerar com demasiada ingenuidade a idéia do Anjo que nos protege. Ele não nos preserva de más situações que nos sobrevêm e que nos ferem no mais íntimo de nós. Não preserva uma criança do abuso. Mas a ferida, não obstante, deixa de ser a última palavra. Creio no Anjo que está também ao lado desta criança e que a cobre com sua proteção, que lhe preserva o íntimo, que protege dos ataques exteriores o espaço interior onde Deus reside. Creio no Anjo que leva a criança em suas mãos para que ela não se fira nas pedras que as pessoas lhe colocam no caminho, para que possa andar sobre leões e víboras. As crianças, apesar de todas as feridas, possuem em si alguma coisa que as faz andar sobre víboras venenosas sem que sofram dano. Para mim é o Anjo que as carrega nas mãos. Quando na terapia ou no acompanhamento espiritual o adulto repassa sua infância ferida, ele não deve fixar-se unicamente nos leões, víboras e dragões que sempre de novo encontra em seu caminho. Deve buscar também o Anjo que o protegeu, que lançou seu olhar sobre ele e o guardou para que não perecesse. Se no caminho de suas feridas ele descobrir também os vestígios do Anjo, poderá superar melhor seu passado do que simplesmente espantando-se e estarrecendo diante dos leões e dragões. Também agora o Anjo continua a seu lado. Talvez possa ajudá-lo a superar a história de sua vida e ouvir a maravilhosa ária dos tenores da cantata de Johann Sebastian Bach para a festa de São Miguel, onde o tenor canta:

"Ficai, Anjos, ao meu lado!
Conduzi-me nos caminhos
pra meu pé não tropeçar.
Mas ensinai-me também
vosso cântico sagrado de gratidão ao Senhor.
Ficai, Anjos, ao meu lado".

14
O ANJO QUE COMBATE POR NÓS (MIGUEL)

Numa visão, o profeta Daniel vê como uma figura parecida com um homem o conforta e lhe diz: "Não tenhas medo, predileto de Deus! A paz esteja contigo! Cobra ânimo e coragem!" (Dn 10,18s). Esta figura diz-lhe que irá lutar contra o príncipe da Pérsia: e ninguém o ajudará a não ser o príncipe dos Anjos, Miguel. Mais adiante se diz na visão: "Nesse tempo se apresentará o grande príncipe Miguel, assistente de teu povo" (Dn 12,1). "Miguel" significa: Quem é como Deus? No Arcanjo Miguel, é decidida minha atitude para com Deus. Ele me ensina a não colocar nada no lugar de Deus, mas fazer com que Deus seja Deus. Miguel luta contra toda absolutização dos poderes terrenos, contra o endeusamento do dinheiro e do poder. Só posso viver verdadeiramente como pessoa livre quando coloco Deus em primeiro lugar.

Miguel sempre foi considerado como o Anjo que luta por nós. Ele vence o dragão. É o corajoso lutador de Deus. É representado como um Anjo cavaleiro, com capacete, escudo e uma espada flamejante. Ele precipita nas profundezas os espíritos infernais. Na Bíblia, Miguel só é mencionado em Daniel, na Epístola de Judas e no Apocalipse de João. A Epístola de Judas menciona uma lenda judaica segundo a qual Miguel alterca com o diabo pelo corpo de Moisés. O diabo queria tomá-lo para si por ele haver matado o egípcio. Mas Miguel o contradiz e toma-lhe o corpo para o levar para o céu (Jd 9). No Apocalipse de João, Miguel luta como líder dos Anjos contra o dragão e o lança sobre a terra: "Houve uma batalha no céu: Miguel e seus Anjos tiveram de combater o dragão. O dragão e seus Anjos combateram, mas não puderam vencer e não houve mais um lugar para eles no céu. O grande dragão, a antiga serpente, chamada diabo e Satanás, que seduz o mundo todo, foi então precipitado para a terra" (Ap 12,7-9). Em muitas religiões, o dragão representa os poderes hostis a Deus. Miguel é o Anjo que combate em nós contra tudo que poderia contestar o lugar de Deus. Miguel é o Anjo que cuida para que no céu de nossa alma reine Deus e não Satanás, que nosso coração se prenda a Deus, sem se deixar obcecar por este mundo. Assim Miguel procura fazer com que Deus reine em nós. Só quando Deus reina em nós, é que nos tornamos verdadeiramente pessoas humanas.

Numa de suas pregações, Cirilo de Jerusalém diz: "Quando Cristo quis descer aos seres humanos na terra, Deus pai escolheu uma imensa força chamada Miguel e confiou Cristo aos seus cuidados". Miguel não é nenhum Anjo bonitinho, mas sim um Anjo de muita força. E esta força Deus envia a cada pessoa, para que não seja vencida pelos poderes deste mundo. Esta é uma mensagem consoladora. Ao nosso lado está um Anjo que luta por nós. Ele nos defende quando pessoas lutam contra nós, mas também quando nos encontramos em luta conosco mesmos. Luta sobretudo em favor dos fracos e desamparados e das crianças. Compreendiam esta verdade as crianças na Idade Média tardia. Ocorriam então grandes peregrinações de crianças para a Normandia, para o Mont Saint Michel. Da Renânia, Baviera, Würtemberg e da Suíça afluíam as crianças a este monte santo, onde o Arcanjo Miguel era venerado. Manifestamente, elas perceberam que, num mundo que lhes era hostil, precisavam da forte proteção deste Anjo para que realmente pudessem viver.

A criança parece entregue sem proteção ao poder de forças destrutivas. Quando os adultos me contam quão desamparadamente estiveram expostos ao arbítrio da ira e violência do pai, como foram maltratados quase até à morte se a mãe não tivesse intervindo, eu sinto dentro de mim uma grande raiva. E experimento também uma profunda compaixão para com estas pessoas, que tão desamparadamente estiveram expostas ao poder destruidor do pai, ou mesmo da mãe. Mas refletindo sobre isto, tento compreender o pai, que talvez tenha tido ele próprio uma infância difícil e agora inconscientemente passa adiante suas feridas. Certamente ele próprio sofre com isto. Mas não pode fazer diferente. É corroído por sua agressão, que através dele continua a corroer e a oprimir os filhos. Quando penso então no filho, ajuda-me a idéia de que, não obstante todo desamparo e desproteção, ele não estava inteiramente entregue ao poder do pai, que o Anjo Miguel lutava então por ele dando-lhe uma força interior para sobreviver a essa luta. Às vezes fico admirado como pessoas que tiveram uma infância tão brutal apesar de tudo permaneceram normais até certo ponto, ou chegaram mesmo a realizar grandes coisas. Miguel interveio aí em favor destas pessoas. Lutou por elas e conferiu-lhes uma nova força em meio às duras refregas. Nesta força, elas podem agora enfrentar a luta de sua vida.

Porém, muitas vezes entro em contato também com pessoas que não têm mais forças e se tornaram fragilizadas pelas crueldades e feridas de sua infância. Com estas pessoas posso olhar suas feridas e continuamente voltar a discuti-las. Mas chega um momento em que não adianta mais voltar a discutir as feridas. Também não posso dar-lhes nenhum consolo barato dizendo que de alguma maneira isto há de passar e que, apesar de tudo, elas ainda conseguirão vencer na vida. Serve de ajuda aqui a idéia de Miguel Arcanjo. Nele devem elas confiar. Pois apesar de toda sua fragilidade elas hão de sentir que não são apenas fracas, mas que nelas também reside uma força que as capacita a vencer na luta pela vida. Foi este, sem dúvida, desde sempre o sentido da veneração a São Miguel Arcanjo: que venerando-o as pessoas entrassem em contato com sua própria força. Quando lembro o exemplo de Miguel às pessoas feridas, elas ficam à distância de suas feridas. Conseguem ver a força que Deus colocou à sua disposição. Quando imaginam que o Arcanjo Miguel luta com elas, apesar de todas as más experiências passadas, elas não desistem, mas encontram coragem para enfrentar muitas lutas que até então haviam evitado. Em Miguel Arcanjo sentem-se particularmente seguras e protegidas. Miguel aponta as forças adormecidas em nossa alma e que são despertadas pela confiança no Anjo.

15
O ANJO QUE PROMETE UM FILHO (GABRIEL)

Gabriel é o terceiro Anjo mencionado na Bíblia pelo nome. Seu nome significa: Força de Deus, ou Guerreiro de Deus. No evangelho de Lucas, sua tarefa é vista antes de tudo em anunciar o nascimento de um filho abençoado por Deus. Gabriel promete a Zacarias que sua mulher Isabel, já de idade avançada, há de dar à luz um filho. Ele deve dar-lhe o nome de João, que quer dizer: Deus é bondoso. E Gabriel é enviado a Nazaré a uma virgem, a Maria: "E entrando, disse-lhe o Anjo: Alegra-te, cheia de graça, o Senhor está contigo... Não tenhas medo, Maria, porque encontraste graça diante de Deus. Eis que conceberás em teu seio e darás à luz um filho e lhe darás o nome de Jesus. Ele será grande e será chamado Filho do Altíssimo" (Lc 1,28.30s).

Em situações sem saída, o Anjo Gabriel promete um filho, um novo começo. Isabel, que, por causa de sua idade, não espera mais ter filhos, e Maria, a virgem que não conhece varão, engravidam de maneira maravilhosa. Nos dois nascimentos, os homens não desempenham nenhum papel. Zacarias emudece durante a gravidez da mulher. Sua opinião não é solicitada. Pietro Bandini acha que a anunciação do nascimento de Jesus pelo Anjo Gabriel seria uma "injúria narcisista à metade masculina da humanidade" (Bandini, 98). No Antigo Testamento, Deus teria posto sua confiança no homem – em Adão. "Desta vez ele confia na parte feminina: em Maria e em seu filho Jesus, que, por sua pregação de amor, sua extraordinária amabilidade para com as mulheres, sua rejeição da espada e de toda violência, se há de comprovar em todo o mundo como o 'mais feminino' de todos os profetas e fundadores de religião" (*ib.*, 98). Por isso não seria de admirar que sobretudo os seres humanos "viessem a empreender inexoráveis cruzadas contra o mundo dos Anjos e a fé nos Anjos" (*ib.*, 99). Por isso Gabriel é às vezes considerado também como um Arcanjo feminino, "como uma espécie de parteira celeste para o bom êxito dos partos" (*ib.*, 149).

Este motivo de um Anjo que promete o nascimento de um filho divino pode ser encontrado em todas as religiões. É uma imagem arquetípica, que ainda possui significado para nós hoje. Diz-nos ela que a cada nascimento está associada a promessa de um Anjo, que este filho é valioso, grande, filho ou filha do Altíssimo, e que tem uma tarefa importante a desempenhar neste mundo. Sobre o nascimento de cada criança se encontra um Anjo. Assim o viram os Padres da Igreja. Nascimento não é um mero processo biológico, mas é sempre um mistério, uma promessa de algo novo e que nunca existiu. As duas anunciações em Lc 1 querem abrir nossos olhos para o mistério de nosso próprio nascimento. Também sobre nosso nascimento se encontra o Anjo Gabriel. Deus o enviou para que nossos pais dessem à luz um filho, para que através de nós aparecesse algo novo neste mundo, uma imagem de Deus nova e única. E temos uma missão. Não vivemos simplesmente sem objetivo. Meramente sobreviver, é muito pouco. No fundo da história do nosso nascimento, deveríamos perceber qual é nossa missão. E entrar em contato com o Anjo que vigiou nosso nascimento. Assim haveremos de perceber o mistério que somos. Não voltaremos a parecer-nos a nós mesmos sem valor, mas descobriremos a dignidade única que Deus nos deu.

Nascer não significa unicamente o nascimento no começo da vida. Em nossa vida, precisamos nascer sempre de novo, para que nossa vida permaneça viva. Uma crise que destrói tudo quanto até então havíamos construído pode ser uma chance para um novo nascimento. O fogo em que caímos pode ser uma imagem do novo que quer nascer em nós. Os místicos gostavam da imagem do nascer de Deus no ser humano. O caminho espiritual consiste em que Deus nasça em nós. Quando Deus nasce em nós, entramos em contato com o eu verdadeiro e original, nossa vida está sã e salva. Nos momentos de nossas crises, nos tempos da falta de perspectivas, do fogo consumidor, deveríamos olhar para o Anjo Gabriel. Podemos dialogar com ele e perguntar-lhe o que ele nos promete. E sobre cada um de nós existe uma promessa. Por mais que tenhamos de olhar e elaborar a história de nossa vida, é igualmente importante que olhemos para a frente e reconheçamos a promessa que nos foi feita. Temos uma missão. Temos um futuro. Olhamos a história não para ficar presos a ela mas para dela aprendermos para que fomos enviados e o que é que nos está prometido.

Gabriel não é apenas o Anjo que promete, é também o Anjo que interpreta. Assim Daniel ouve uma voz de homem que grita: "Gabriel, explica a este senhor a visão! Então ele chegou ao lugar onde eu estava, mas à sua aproximação fui dominado por tamanho terror que caí com o rosto por terra. Aí ele me disse: Filho de homem, compreende que a visão tem em mira o fim dos tempos" (Dn 8,16s). Gabriel nos interpreta as nossas visões. Ele nos faz compreender o que já adivinhamos em nosso coração. Não basta que nos seja prometido um nascimento, um novo começo. Precisamos compreender também o que Deus deseja operar em nós. Só quando interpretamos corretamente nossa vida, é que ela pode ser bem-sucedida. Só quando entendemos o que vemos em nosso interior, é que podemos ser os donos de nossa vida. O Anjo Gabriel promete-nos o nascimento do Filho de Deus em nós e nos faz compreender o que Deus realiza em nós. E Gabriel é o Anjo que acompanha nosso nascimento, como uma espécie de "parteira celeste". Todo nascimento também dói. Temos que atravessar o escuro canal para podermos experimentar a amplidão e a liberdade da vida. Gabriel é o Anjo feminino, certamente o mais erótico dos Anjos de que a Bíblia nos fala. Em muitas cenas da anunciação, os pintores representaram a irradiação erótica de Gabriel. Gabriel quer pôr-nos em contato com nossa alma. Helmut Hark entende "por erotismo dos Anjos o seu efeito excitante e sua força excitante em nossa alma" (Hark, 49). Gabriel desejaria fertilizar-nos como Maria para tornar nossa alma grávida da palavra de Deus, para que a palavra de Deus também se faça carne em nós. Gabriel representa a dimensão erótica da espiritualidade. Viver espiritualmente também significa ser erótico, ser perpassado pelo amor de Deus, de modo que todo o corpo reflita este amor.

16
O ANJO QUE ANUNCIA A ALEGRIA

Mais queridos são os Anjos no tempo de Natal. O Anjo natalino enfeita as vitrines e as casas. Pelo Natal, todos ouvem fascinados a narrativa do nascimento de Jesus, onde os Anjos desempenharam um papel tão decisivo: "Naquela mesma região havia uns pastores no campo velando a noite, vigiando o rebanho. Apresentou-se-lhes um Anjo do Senhor e a glória do Senhor os envolveu de luz e eles ficaram possuídos de grande temor. Disse-lhes o Anjo: Não temais, pois vos anuncio uma grande alegria, que é para todo o povo. Nasceu-vos hoje um Salvador, que é Cristo Senhor, na cidade de Davi. Este será o sinal: encontrareis o menino envolto em panos e deitado numa manjedoura. Imediatamente juntou-se ao Anjo uma multidão do exército celeste, que louvava a Deus dizendo: Glória a Deus nas alturas e paz na terra aos homens por ele amados" (Lc 2,8-14).

As crianças continuam até hoje fascinadas pelo Anjo do Natal que aparece aos pastores no campo. Ali o céu se abre, e o inverno escuro e frio torna-se claro e quente. Nenhum tempo, decerto, encanta de tal modo as crianças como o tempo do Natal. Aí elas percebem que o mundo não é somente frio. No Natal, elas não se deparam apenas com os sentimentos congelados dos pais. Mesmo os corações frios derretem-se e abrem-se. No Natal, as crianças encontram um amor que não vem deste mundo. E este amor quem melhor o pode captar são os Anjos. O Anjo é para eles imagem do puro amor. E é uma antevisão de um mundo são. Seu mundo despedaçado e ferido recebe um raio de paz e salvação. O fascínio de Natal as faz adivinhar que em sua casa elas não são mais simplesmente toleradas e suportadas, mas sim que recebem abrigo e valorização. Em sua casa, já não mora apenas o ódio e a contenda, mas com o Anjo entrou nela um outro mundo e então, de repente, sua casa inóspita transformou-se em lar.

São de duas espécies os Anjos que Lucas menciona em sua história do Natal. O primeiro é o Anjo que anuncia aos pastores a grande alegria a ser compartilhada com todo o povo, porque nasceu o Salvador, o Messias. Esta é certamente uma imagem essencial para o Anjo. Através dele a alegria vem a este mundo. O Anjo transforma o mundo. A noite dos pastores resplandece do brilho que provém do Anjo. Os pastores que vigiam junto a seus rebanhos lembram-nos as noites sem sono em que nos viramos para lá e para cá, em que de tanta cisma não conseguimos adormecer, em que o medo e o desespero nos tiram o sono. A noite insone torna-se clara. A insensatez de nosso cismar é respondida pelo Salvador, que nos liberta do medo e do desespero, que cura nossas feridas. O que acontece com os pastores em sua vigília noturna ainda hoje pode-se tornar realidade, não só no Natal mas sempre, quando nossa noite se transforma, quando são curadas as trevas do nosso coração e nossa vigília forçada recebe uma resposta.

Adultos contam-me que, na infância, ficavam acordados durante quase toda a noite. Duvidavam do amor dos pais. Não sabiam mais o que fazer. Tudo quanto fizessem estava errado. Para os pais elas nunca estavam certas. Ficavam acordadas porque tinham medo de que os pais voltassem a brigar, de que o pai batesse na mãe ou que eles as abandonassem. Então ficariam inteiramente sós. Quando em noites como estas o Anjo chega e anuncia a grande alegria de que nasceu o Salvador que cura seus medos, a criança se tranqüiliza. Aí ela consegue dormir. O Anjo vigia em seu lugar. Assim não precisa mais ficar acordada. Ilse Aichinger, em seu conto "Anjos na noite", de 1949, descreve como duas irmãs, de 7 e 15 anos, anseiam pela experiência do Anjo para superar desesperada solidão e incompreensão em que vivem. Nesta narrativa, reflete-se a experiência própria da moça de descendência judaica no Terceiro Reich. Aí Ilse Aichinger fora realmente deixada só. Roubaram-lhe a infância. O único caminho que lhe restava para se afirmar nesta noite de brutalidade e perseguição era a fé no Anjo. "É melhor não haver mundo do que haver um mundo sem Anjo", diz a irmã mais nova. Mas seu mundo é destruído. E a irmã mais velha, que quer ser um Anjo para a irmã mais nova, termina na loucura e no suicídio. Para muitas crianças a fé no Anjo que enche de luz a noite e de alegria o desengano é uma necessidade vital. Só porque o Anjo clareia a noite é que a criança consegue suportá-la. Só porque o Anjo anuncia a grande alegria é que elas conseguem enfrentar a aflição e a desesperança do seu dia-a-dia.

Na história de Natal, ao lado do Anjo que anuncia, aparece todo um exército de Anjos que louvam a Deus e anunciam paz aos seres humanos. Na arte, muitas vezes eles são representados por Anjos-crianças, que repletos de alegria da vida sopram seus instrumentos, ou unem suas forças cantando para a alegria de Deus e das criaturas humanas. Aqui, torna-se visível algo da leveza do ser que os Anjos representam. Através dos Anjos, tudo se torna mais leve, mais luminoso, mais alegre. Então podemos voltar a cantar. As crianças muitas vezes cantam quando estão sozinhas, quando na noite de sua vida elas se sentem solitárias, quando os pais as deixam sós. O canto é para elas uma terapia. Aí elas entram em contato com outro mundo, com o mundo da alegria e da exuberância. Muitas crianças só conseguem sobreviver quando enfrentam os gritos do pai raivoso ou os constantes lamentos da mãe cantando seus próprios cantos. Com seu cantar, elas se distanciam do barulho depressivo de seu ambiente, sentindo no próprio coração uma alegria que ninguém lhes pode tirar. A função terapêutica do canto não ocorre apenas com as crianças. Também para os adultos pode fazer bem deixar os Anjos-crianças da alegria entrarem em si e terem a coragem de soltar a voz no banheiro ou na cozinha ou quando vão a passeio. Tivemos um pintor de paredes que cantava no coro da igreja. Muitas vezes, ele cantava também durante o trabalho. Para ele o trabalho deixava de ser um peso, para se transformar em prazer. Nesse momento, seus problemas próprios não lhe atrapalhavam mais o caminho, o canto abria-lhe um caminho para a vida e para a alegria.

Os Anjos do Natal, diz Pietro Bandini, formam uma "conspiração de amor" (Bandini, 105). Os Anjos do Natal ligam o céu à terra, o divino ao humano, os pastores ao Messias infante recém-nascido. Também estes Anjos, como Gabriel, possuem uma irradiação erótica. Os artistas muitas vezes representaram os Anjos de Natal como figuras eróticas infantis com asas. Pois os Anjos subsistem na zona intermediária entre o mundo divino e o humano. Semelhantemente, o erotismo é uma região intermediária entre as pessoas, entre homem e mulher. Nele o fluxo vai e vem. Os Anjos natalinos abrem-nos o céu, dando-nos a sensação de que, entre Deus e o mundo dos seres humanos, o fluxo vai e vem, que uma torrente de amor flui para lá e para cá. Isto dá asas à nossa alma. A irradiação erótica dos Anjos do Natal age sobre nossa alma de maneira salutar e vivificante. Os Anjos abrem nossa alma para um mundo diferente, para o mundo do amor divino que se inclina até nossas trevas e nossa noite. Quando duas pessoas se apaixonam, também abre-se para elas um mundo novo. Os Anjos do Natal nos transmitem que entre Deus e nós também flui um amor parecido com o dos apaixonados. Quando os deixamos entrar em nós, nossa vida se renova, e mesmo como adultos nos deixamos encantar ainda pelo Natal, e não obstante todas as decepções, voltamos a confiar no amor que os Anjos do Natal irradiam para o nosso mundo.

17
O ANJO QUE APARECE EM SONHOS

Mateus conta-nos a história do nascimento de Jesus a partir da perspectiva de José. De vez em quando, um Anjo aparece a José em sonhos. O Anjo interpreta-lhe o que aconteceu. José não havia entendido que sua noiva estava grávida. Queria abandoná-la secretamente. Agora um Anjo intervém e fá-lo compreender em sonhos o que acontecera com Maria. O Anjo lhe diz: "José, filho de Davi, não tenhas receio de receber Maria, tua esposa. Pois o que nela foi gerado, é do Espírito Santo. Dará à luz um filho, a quem darás o nome de Jesus. É ele que salvará o povo de seus pecados" (Mt 1,20s). A razão, ou a própria pureza interior de José – sua justiça – não estava em condições de explicar a gravidez de sua esposa. Então é preciso que um Anjo venha em seu auxílio. E o Anjo sempre vem a José em sonhos. Mais tarde, quando a criança é perseguida por Herodes, mais uma vez um Anjo aparece em sonhos a José e o exorta: "Levanta, toma o menino e a mãe, foge para o Egito e fica lá até que te avise. Pois Herodes vai procurar o menino para matar" (Mt 2,13). E depois que Herodes morreu, o Anjo lhe aparece mais uma vez em sonhos e ordena-lhe que volte. José sempre reage imediatamente ao Anjo. Ele se levanta e faz o que o Anjo lhe disse.

Para muitos, ainda hoje o sonho é o lugar onde eles encontram o Anjo. A humanidade sempre acreditou que é um Anjo que nos envia um sonho. Através do sonho, o Anjo pode advertir-nos de perigos. Mas ele também pode nos interpretar a realidade para que a entendamos corretamente. E pode trazer-nos uma promessa, anunciar uma Boa-Nova. Mostra-nos quando algo de novo quer nascer em nós. O Anjo no sonho acompanha nosso caminho interior e exterior. Ele nos diz quando devemos partir para novas paragens e quando devemos voltar novamente. Às vezes, um Anjo nos mostra em sonhos um mundo inteiramente diferente, um mundo colorido e cheio de vida. Precisamente para as pessoas que vivem dentro de um ambiente muito estreito, que são dominadas e torturadas por outras, o Anjo do sonho lhes abre um mundo amplo, onde o sonhador se sente livre e cheio de fantasia. O sonho mostra-nos o tesouro interior que ninguém pode roubar-nos. E muitas vezes dá a pessoas que se sentem doentes e não têm esperanças de libertar-se dos padrões que as tornam doentes o começo da cura. No íntimo, não é só a doença, o problema nervoso. É também um Anjo que nos toca, que cura nossas feridas.

Quando alguém me conta seus sonhos, os percebo muitas vezes como Anjos que vêm em sua ajuda para que possa enfrentar a vida. No sonho, o Anjo nos transfere para um mundo diferente em que nos sentimos em casa, em que somos prestigiados, em que estamos livres e em harmonia conosco mesmos. Tais sonhos muitas vezes provocam em nós uma cura mais radical do que o discutir sobre nossos problemas. Em nosso íntimo, de repente, ficamos sabendo a solução, encontramos um caminho pelo qual podemos ir adiante. Mas quando me ocupo com os sonhos infantis, encontro não apenas sonhos de um mundo colorido, que retiram a criança de seu estreito mundo. Com freqüência, as crianças também sonham com cobras, ursos, cães que as atacam. Por isso muitas vezes têm medo da noite. Pois mergulham em um mundo, onde são ameaçadas por monstros desse tipo. Não adianta tirar-lhes da cabeça os seus sonhos. Precisamos encará-los juntamente com elas, descer até os seus sonhos e responder a eles em sua linguagem. Para muitas é útil abraçarem seus bichinhos de pelúcia ao adormecerem. Terão então a sensação de que o urso em seus braços as livrará de todas as ameaças em sonhos. De maneira exatamente igual podemos dizer-lhes que um Anjo também as acompanha no sonho, um Anjo que as preserva dos perigos. O Anjo faz com que acordem a tempo de não serem devoradas. O Anjo não permite que se toque em nenhum cabelo de sua cabeça. Para muitas crianças ajuda uma imagem de Anjo sobre a cama. Quando olham para ela à noite, se lembram de que são carregadas nos braços e protegidas.

Mas para as crianças são importantes não apenas os sonhos noturnos, mas também os sonhos que elas sonham acordadas. Aí podem criar seu próprio mundo, onde estão em segurança e são amadas, onde vivem aventuras e ocupam o centro das atenções. A capacidade de sonhar estes sonhos durante o dia liberta a criança da excessiva aspereza dos conflitos quotidianos. Então ela experimenta não apenas a confusão entre os pais, mas também um mundo em que uma mãe amorosa se ocupa com ela e um pai a acompanha em suas aventuras. Para muitas crianças estes sonhos diurnos podem ser a salvação. Claro que também podem se tornar um perigo, quando a criança vive exageradamente nesse seu mundo de sonhos, e quando foge da realidade. Mas durante algum tempo, pode ser salutar para a criança fugir de uma situação insuportável sonhando acordada. Nestes sonhos, podem ocorrer elfos e fadas, e os Anjos surgem com a mesma naturalidade que as pessoas. São companheiros familiares. Pode-se falar com eles. E vez por outra, também erguem a criança ao ar a fim de que ela possa ver tudo de cima. Nestes sonhos diurnos, Herodes não pode persegui-las. Seu poder não chega até elas. Os sonhos lhes anunciam a morte de Herodes. Assim podem sempre de novo voltar dos sonhos diurnos para o mundo real, sem medo dos que as ameaçam.

A clássica oração da noite sempre é também uma oração por sonhos bons: "Entra, Senhor, nesta casa e faze que teus santos Anjos morem aqui. Que eles nos protejam para repousarmos em paz. E que tua bênção sempre permaneça conosco". Pedimos que Deus envie seus santos Anjos. Eles deverão responder a nossas perguntas. Deverão apontar-nos uma solução quando não soubermos que caminho tomar. Ajudar-nos-ão a nos decidirmos corretamente. No sonho os Anjos nos alertam para os perigos que nos ameaçam. Mas também nos dão os meios de salvação de que necessitamos. No sonho, o Anjo é um importante companheiro em nossa caminhada. Adverte-nos quando esquecemos algo de importante em nossa vida. Indica-nos os passos que devemos dar em nosso caminho interior. E dá-nos a certeza de que Deus sempre está conosco e interfere em nossa vida. O Anjo do sonho nos anuncia – como a José – que também nós somos filhos de Deus perseguidos por Herodes e expostos à hostilidade das pessoas, mas que se acham sob a proteção especial de Deus. Também nossa vida há de ter êxito, ainda que externamente não pareça. Para muitas pes- soas o sonho é lugar onde noite por noite elas encontram o seu Anjo e recebem dele instruções para o dia seguinte. Feliz daquele que, como José, se levanta e faz o que o Anjo diz.

18
O ANJO QUE SERVE À VIDA

Não é só no sonho que o Anjo entra em nosso mundo. Ele se encontra também em meio ao nosso deserto, ao nosso abandono, à nossa solidão. Isto se torna claro na cena da tentação, como é descrita em dois curtos versículos por Marcos em seu evangelho: "O Espírito levou Jesus para o deserto. Esteve no deserto quarenta dias sendo tentado por Satanás. Vivia com os animais, e os Anjos o serviam" (Mc 1,12s). Enquanto em Marcos Jesus é servido de alimento pelos Anjos durante todo seu período no deserto, em Mateus eles só aparecem para servi-lo após a tentação (cf. Mt 4,11). O monte da tentação é transformado por eles em monte do paraíso.

Jesus está no deserto. A palavra grega *eremos* significa ermo, um lugar solitário, não cultivado e abandonado. Ali Jesus é tentado por Satanás. Mas Satanás não pode vencê-lo. E os animais selvagens nada lhe podem fazer. Jesus convive com eles. Pois os Anjos o envolvem e lhe servem. A palavra grega para isto, *diakonein,* significa servir à mesa, oferecer comida. Os Anjos o alimentam e o circundam. Provêem-no de tudo quanto ele necessita para a vida. Satanás representa o afastamento de Deus. Ele tenta levar Jesus a construir sobre sua própria grandeza, em lugar de colocar-se à disposição de Deus. Mateus e Lucas concretizaram a tentação de Jesus como tentação de tomar tudo para si, como tentação do poder e como tentação de usar Deus em seu favor para aparecer diante dos seres humanos como um grande guru e milagreiro. Jesus resiste a esta tentação. Ele permanece no serviço de Deus, transparente para Deus, obediente à sua vontade. Na mitologia, os animais selvagens sempre representam os instintos e paixões, a vitalidade e a esfera instintiva, e a sexualidade. Como Jesus integrou em seu ser-homem esta esfera da vitalidade e sexualidade, ele vive em paz com os animais selvagens. Os Anjos o envolvem e o servem. Os Anjos transformam o deserto em paraíso. Jesus é o novo Adão, o homem formado à imagem de Deus, a quem a terra é submissa e que torna visível aqui na terra a imagem única e original de Deus.

Os Anjos também transformam para nós o deserto em paraíso e o ermo, em lar. Eles nos servem quando fomos separados da vida e o nosso ser-humano se encontra ameaçado pelas armadilhas em que sempre de novo caímos, ou por sentimentos que nos dilaceram. Eles nos servem para que a vida possa florescer em nós. Existem crianças que muitas vezes experimentam seu espaço vital como um deserto, como um ermo, onde se sentem sós e abandonadas, onde se encontram cortadas da vida. Tudo é deserto e vazio, sem cor, sem sentido, sem relação. E simplesmente continua a ser assim. Num deserto como este, as crianças não podem sobreviver por muito tempo se os Anjos não cuidarem delas e sempre de novo as servirem. Eis aí uma criança que, apesar da falta de colorido exterior, desenvolve uma alegria de vida, uma espontaneidade e uma fantasia que admiramos pela maneira como as conseguiu. É o Anjo que cuida dela no deserto. E o Anjo que a acompanha também a protege dos animais selvagens, da própria paixão, que do contrário não teria limites, e das paixões indomáveis dos adultos. A criança não poderia proteger-se de tão forte agressividade dos adultos se um Anjo não estivesse a seu lado.

Não são somente as crianças que experimentam estes tempos de deserto. Em sua vida, qualquer pessoa constantemente se defronta com tentações. É Satanás que lhe põe armadilhas. Podem ser os padrões de vida do passado, aos quais ela sempre de novo retorna. É a pessoa que a todo instante volta a esses padrões para procurar a culpa em si mesma e se depreciar. É o caso do padre que continuamente se sente pressionado a fazer tudo perfeito. Pois qualquer defeito, por menor que seja, faz aparecer o velho padrão de sua infância, em que era repreendido e surrado ao cometer qualquer erro. E todo pequeno erro logo era generalizado. Nada ele sabia fazer, era considerado como um zero absoluto. Este padre retorna a todo momento ao velho padrão que o impede de viver. Em tais tentações ele tem necessidade do Anjo que serve à vida, que o preserva das armadilhas, para poder acreditar na vida em si e nas próprias forças e capacidades. Sempre de novo nos confrontamos com as feras, com nossas paixões e instintos. Não podemos vencer em nós os animais selvagens. Podemos apenas conviver pacificamente com eles quando os Anjos nos servem. Quando os Anjos reforçam nosso eu, deixamos de ter medo das forças selvagens em nós. Em vez disso elas são transformadas, e estas forças nos servem e transformam-se em sinal de nossa vivacidade e de nossa força.

19
O ANJO QUE SE ALEGRA COMIGO

No Evangelho de Lucas, Jesus nos conta a parábola da dracma perdida. "Que mulher, que tenha dez dracmas, se perder uma, não acende a luz, varre a casa e procura cuidadosamente até achá-la? E, tendo encontrado, chama as amigas e vizinhas, dizendo: Alegrai-vos comigo, achei a dracma que tinha perdido. Assim eu vos digo: haverá alegria entre os Anjos de Deus por um pecador que se converte" (Lc 15,8-10).

Dez é o número da totalidade. Quando a mulher perdeu uma dracma, perdeu o seu centro, o seu ponto de equilíbrio. Acendendo a lâmpada de sua consciência, procura pela dracma na casa de sua vida. Para os Padres da Igreja a dracma é símbolo da imagem de Cristo que está em nós, do nosso verdadeiro eu, do cerne divino em nós. Quando a mulher reencontra sua original e verdadeira imagem de Cristo, ela celebra com suas amigas e vizinhas a festa da própria realização. E Jesus compara esta festa de alguém que encontrou seu verdadeiro ser com a alegria que reina entre os Anjos de Deus quando um único pecador se converte. Os Anjos celebram no céu a festa de nossa realização como pessoas. Quando nos encontramos, os Anjos se alegram. Pois este é todo o seu desejo, que nossa vida seja bem-sucedida, que vivamos da maneira como foi pensado por Deus. Toda pessoa precisa na casa de sua alma, de Anjos que se alegrem com ele quando sua vida é bem-sucedida, que dêem asas ao seu espírito e encham seu coração de alegria.

A palavra pecador refere-se a uma pessoa que falhou, que não encontrou a si mesma nem a sua verdade, que não encontrou a Deus. Quando ela muda o rumo de sua marcha, quando reencontra o caminho que leva à vida e a Deus, então os Anjos alegram-se com ela. E os Anjos ajudam para que a pessoa que errou volte e prossiga no caminho certo. A palavra grega *metanoein* significa, propriamente, "mudar de pensamento, pensar diferente". A conversão começa no pensamento. Nosso pensamento muitas vezes nos conduz ao erro. Não pensamos da maneira que corresponde à realidade, mas nos iludimos sobre a realidade. Aderimos a pensamentos quaisquer que nos surgem, ou que os outros nos impõem. Pensamos o que todos pensam. Nosso pensamento é inconsciente, dirigido por outros. Devemos aprender a pensar por nós próprios, a pensar da maneira que corresponde à realidade. Quando fazemos isto, nosso Anjo se alegra.

A questão é como podemos aprender isso, a modificar nosso pensamento, a pensar da maneira que corresponde à realidade. Pois, desde a mais tenra infância, nosso pensar é influenciado pelos pais e pelas pessoas mais importantes que nos servem de modelo, muitas vezes distorcido. Aprendemos a ver a realidade assim como os outros a vêem. E não obstante sempre de novo vemos como crianças têm seus pensamentos próprios, como elas pensam com independência, como muitas vezes vêem a realidade de maneira diferente, percebem-na sem falsificação. Elas possuem um sentido infalível para as pessoas que lhes fazem bem. E evitam outras que lhes deixam a impressão de não respeitarem os limites. Confiam na impressão espontânea que têm do mundo, conseguindo muitas vezes, surpreendentemente, resumi-la em palavras. Quem ajuda a criança a ter pensamentos próprios em meio a um rígido mundo de pensamentos estabelecidos? Podemos dizer que a criança possui em si algo de original, que não pode tão facilmente ser falsificado de fora. Mas podemos também dizer que é o Anjo que faz a criança entrar em contato com seu verdadeiro eu e lhe ensina a pensar com autonomia. Este Anjo se alegra quando a criança vê a realidade da maneira como ela a percebe em seu coração. E este Anjo também se alegra quando, depois de muitas voltas e muitos erros, ela consegue retornar e encontrar o caminho que lhe corresponde.

Em algum momento na vida, todo mundo dá em caminhos que não levam adiante, em beços sem saída que esbarram num muro, em voltas que não parecem ter fim, em caminhos que levam ao rumo errado, em atalhos que terminam no atoleiro. E de maneira semelhante ao filho pródigo, de repente, reconhecemos: assim não dá. "Vou partir em busca do meu pai" (Lc 15,18). A palavra grega *anastas*, que encontramos neste contexto, significa, propriamente, levantar-se. É a mesma palavra empregada para a ressurreição. Em nossos maus caminhos, num dado momento desejamos levantar-nos e andar nosso caminho próprio. Então celebramos ressurreição, e o Anjo a comemora conosco. E foi o Anjo que nos inspirou o pensamento de levantar-nos, de não nos deixarmos mais levar por caminhos que não levam adiante, de termos coragem de enfrentar o que nos afasta do caminho que leva à vida. É consolador saber que nosso Anjo também nos acompanha em todos os caminhos errados. Ao que tudo indica, ele tem paciência conosco. Não nos abandona, por mais ínvios que sejam nossos caminhos. Podemos confiar que em algum momento ele há de manifestar-se e inspirar em nosso coração a idéia de nos levantarmos e escolhermos o caminho que nos leva a uma vida, a uma liberdade e a um amor maior. Às vezes, ouvimos a voz do Anjo em outra pessoa ou nos leves impulsos de nosso coração, mas somente quando primeiro, como a mulher na parábola, tivermos perdido uma dracma, tivermos perdido o equilíbrio. Mas nunca é tarde demais para levantar-nos e acender a luz da nossa consciência, ir em busca do nosso eu perdido e celebrar a festa de nossa totalidade, de nossa união com Deus. Então o nosso Anjo há de celebrar e de se alegrar conosco.

20
O ANJO QUE TIRA O MEDO

Na versão lucana da cena do Monte das Oliveiras, um Anjo aparece a Jesus em sua agonia e o conforta. Jesus está com medo. Ele se encontra diante da questão se deve fugir ou permanecer firme. Ele luta com Deus, procurando saber se seria sua vontade que ele tivesse que morrer. Desejava anunciar às criaturas humanas a mensagem do Pai misericordioso. Queria mostrar-lhes a bondade e amabilidade de Deus para com os seres humanos e conduzi-los pelo caminho da paz e da vida. Mas agora os re-presentantes dos judeus, os saduceus amigos dos romanos, voltam-se contra ele. Deverá ele tornar-se infiel à sua missão e salvar-se a si mesmo? Será que Deus o entrega à morte violenta? Em sua agonia, ele reza instantemente: "Pai, se queres, afasta de mim este cálice; contudo não se faça a minha vontade mas a tua. Apareceu-lhe um Anjo do céu que o confortava" (Lc 22,42s). O Anjo o assiste em sua agonia. Lucas descreve esta agonia de Jesus de uma forma muito realista: "E cheio de angústia orava com maior instância. O suor tornou-se como grossas gotas de sangue a escorrer-lhe por terra" (Lc 22,44). A palavra "agonia" vem do grego *agon* = luta, competição. "Agonia" é o tumulto interior, a preocupação, a angústia pela vitória, "o último recolher das forças antes de decisões e catástrofes que se aproximam" (Stauffer, *Theologisches Wörterbuch* I, 140). Designa a angústia mortal, o último reunir de todas as forças antes de morrer. Em Jesus é o medo de dar em nada, a angústia antes da luta de vida ou morte, a angústia antes de um tormento que ele não pode avaliar, o medo diante do arbítrio do poder a que está desamparadamente entregue. Nesta agonia o Anjo assiste a Jesus, conforta-o e lhe transforma o medo. Pois depois desta luta Jesus se recompõe e dirige-se aos discípulos, dizendo-lhes: "Levantai-vos e orai para não entrardes em tentação!" (Lc 22,46). Na tentação, na confusão, a oração ajudou Jesus a reencontrar clareza e força para o seu caminho.

Hoje muitas pessoas são assaltadas por medos. Mesmo que não os demonstrem externamente, eles são seus companheiros constantes. E quando tais pessoas chegam a falar abertamente a esse respeito, a angústia é o seu tema central. Existe a angústia diante do fracasso, o medo de ser ridículo ou de parecer ridículo aos outros. Outros têm medo de pessoas que exercem o poder. Entram em pânico quando os outros as criticam, quando as enfrentam com sua autoridade. É o medo de que tais pessoas possam fazer conosco o que quiserem. Ou é o medo de ser rejeitado pelos outros, de não mais ser amado quando se cometem erros. Ou é um medo difuso que não pode mais ser explicado com precisão. Pode ser o medo do escuro, o medo de lugares estreitos, de hospitais, de ladrões. Ou é o medo da doença e da morte, o medo de não conseguir, de não ter vivido a vida. Nossas angústias se nutrem de medos primordiais que parecem fazer parte da pessoa. São os medos que se encontram em nosso inconsciente coletivo e são descritos por todos os povos em suas lendas e mitos: o medo do aniquilamento, o medo de ser devorado e perecer. E o medo que surge diante de uma situação concreta é reforçado por experiências de medo da primeira infância. É a mulher que, na mais tenra infância, teve que passar longo tempo no hospital sem receber uma visita. Nela sempre de novo retorna a angústia quando vai a um hospital para uma visita a um doente. Em muitas situações, tem medo de perdas, medo que de forma alguma se justifica pelas circunstâncias exteriores. Agora ela tem conhecimento destes medos primordiais, e sabe lidar melhor com eles. Mas eles retornam a cada instante e reforçam a angústia desencadeada após experiências concretas. Outra mulher sente medo diante de qualquer autoridade, porque logo se lembra do pai que a espancava brutalmente, diante de quem ela era fraca e desamparada. Sempre que alguém lhe fala alto, reaparece este medo primordial da criança diante dos gritos e golpes do pai.

Ao que parece, existem medos que podem ser conscientizados e trabalhados pela terapia, mas que não podem ser inteiramente resolvidos. Apesar de toda conscientização, eles permanecem. Podemos tentar conviver com eles. Quando conhecemos as raízes das angústias, deixamos de nos condenar quando o medo surge. Aceitamo-lo, e com isso o podemos relativizar. Não adianta lutar contra o medo. Com isto eu só faço reforçá-lo. Tenho que familiarizar-me com ele, permitir-me aquilo de que tenho medo. Posso, por exemplo, imaginar que me torno ridículo, que começo a gaguejar e a suar de excitação e insegurança. O que acontece então? Será mesmo tão ruim como eu imaginava? Será que todos realmente me rejeitam? Ou serei eu mesmo que não consigo perdoar-me quando cometo um erro? Posso também imaginar que um Anjo me acompanha em minha angústia, que eu não me encontro só com a minha angústia. A angústia pode acontecer, mas na angústia eu tenho conhecimento do Anjo que se encontra ao meu lado. O Anjo em mim me põe em contato com a confiança que, ao lado da angústia, sempre se encontra presente em mim. A angústia de Jesus não passou imediatamente depois que o Anjo o confortou. Mas alguma coisa modificou-se nele. Quando imagino que um Anjo está ao meu lado em minha angústia, com isto ela ainda não desaparece. Mas em minha angústia entra uma centelha de esperança. Muitas vezes, a angústia parece não ter fim. Imaginamos que não temos chão debaixo dos pés. A idéia de que também aí o meu Anjo me acompanha restitui-me um pouco de chão debaixo dos pés, mesmo que não seja um chão muito firme.

Não estou inteiramente entregue à angústia, mas através do Anjo que se encontra a meu lado também posso experimentar um pouco de confiança.

21
O ANJO QUE SOLTA AS CORRENTES

Nos Atos dos Apóstolos, Lucas nos conta como Pedro foi milagrosamente libertado do cárcere por um Anjo. Herodes mandara colocar Pedro na prisão. "Na noite antes do dia em que Herodes iria apresentá-lo ao povo, estava Pedro dormindo entre dois soldados, amarrado com duas correntes, com sentinelas guardando a porta da prisão. Eis que de repente um Anjo do Senhor entrou e uma luz brilhou na cela. Dando um cutucão no lado de Pedro, o acordou, dizendo: 'Levanta-te depressa'. Caíram-lhe das mãos as correntes. O Anjo acrescentou: Veste a capa e calça as sandálias. Assim ele o fez. E o Anjo ajuntou: Envolve-te em teu manto e segue-me. E Pedro saiu atrás dele, sem saber se era realidade o que o Anjo fazia. Antes lhe parecia uma visão. Atravessando a primeira e a segunda guardas, chegaram à porta de ferro que leva à cidade. Ela se abriu por si mesma e eles saíram. Tomaram juntos a rua e logo o Anjo desapareceu" (At 12,6-10).

Como Pedro, muitos sentem-se na prisão, acorrentados e vigiados por dois soldados. Pedro não tem a mínima chance. A prisão pode ser o medo que nos acorrentou. Pode ser também uma relação em que nos sentimos presos. A prisão pode ser os próprios limites. Temos a sensação de não podermos nos libertar por nós mesmos. Sentimo-nos envolvidos em nós mesmos, presos por nossas paixões, cheios de inibições e bloqueios. À direita e à esquerda se encontram dois soldados. Eles representam a lei. Muitas vezes nossa prisão interior é vigiada pelos representantes da lei, pelos representantes de nosso próprio superego, que nos inculcam que devemos fazer isto e não aquilo, que de tudo somos culpados. Os soldados nos castigam assim que deixamos de obedecer às vozes do superego. Tratam-nos com violência. Pedro tem até que dormir entre estes soldados. Não tem a mínima liberdade de movimento. O superego pode transformar-se numa instância controladora que nos persegue por toda parte, até mesmo no sono. A cada pequena ação, ele nos avalia e nos condena. Quando nos alegramos com um êxito, logo vem o veredicto interior de que isto seria orgulho. Quando queremos dizer alguma coisa, o superego nos pressiona para que façamos tudo correto.

Em sua prisão, muitas pessoas sentem-se sem a mínima chance, exatamente como Pedro. Estas pessoas também precisam de um Anjo que venha a elas no meio da noite e as liberte de suas cadeias, que as toque para que se levantem e se ponham a caminho da liberdade. É o próprio prisioneiro que deve levantar-se. Só quando ele próprio é ativo é que as cadeias podem cair de suas mãos. O Anjo dá ainda outras ordens: "Veste a capa e calça as sandálias! ... Envolve-te em teu manto e segue-me!" (At 12,8). Quem se sente preso em suas paixões e instintos, em suas angústias e depressões, tem que cingir-se com o cinto de sua própria força. Mas o cinto é imagem não só da própria força, mas também da prontidão para fazer o que está em nosso poder. As sandálias e o manto são sinais desta prontidão para pôr-se a caminho e seguir o Anjo. Enquanto o Anjo vai à frente, os guardas não interferem. Os guardas do superego não têm poder em presença do Anjo. Quando estamos em contato com o Anjo, as vozes do superego silenciam. E ao Anjo as portas se abrem por si mesmas. Ele nos conduz à cidade, à liberdade, à vida.

Talvez o Anjo também venha a nós no sono, em sonho. Pedro não sabe direito se é sonho ou realidade. O sonho se torna real. Ele realmente saiu da prisão. Quando o Anjo vem a nós, muitas vezes não sabemos se é sonho ou realidade. Mas o sonho também é uma realidade que atua sobre a realidade exterior. Quando em sonho se soltam nossas correntes, poderemos apresentar-nos com mais liberdade na realidade do dia-a-dia. O que acontece no inconsciente é real, e atua também sobre a realidade consciente. Quando sonho que caem os muros da prisão, então também na realidade minha prisão se abre. Quando sonho que os perseguidores me perdem de vista, já dei um passo à frente no caminho de minha auto-realização.

22
O ANJO QUE REALIZA A RESSURREIÇÃO

Em todos os relatos da ressurreição, os Anjos desempenham um papel importante. Eles atestam a ressurreição e interpretam às mulheres ou aos discípulos o mistério do túmulo vazio. No Evangelho de Mateus, o Anjo do Senhor não somente atesta a ressurreição, mas parece também produzi-la e acompanhá-la. "Passado o sábado, já ao amanhecer do primeiro dia da semana, vieram Maria Madalena e a outra Maria ver o sepulcro. E houve subitamente um grande terremoto, pois um Anjo do Senhor desceu do céu e aproximando-se rolou a pedra do sepulcro e sentou-se nela. O seu aspecto era como o relâmpago e sua veste branca como a neve. Paralisados de medo, os guardas ficaram como mortos. O Anjo, dirigindo-se às mulheres, disse: Não tenhais medo. Sei que procurais Jesus, o crucificado. Não está aqui, ressuscitou conforme tinha dito. Vinde ver o lugar onde estava. Ide logo e dizei a seus discípulos que ele ressuscitou dos mortos e que vai à frente de vós para a Galiléia. Ali o vereis. Eis que vo-lo disse. Afastando-se logo do sepulcro cheias de temor e grande alegria, correram para dar a notícia aos discípulos" (Mt 28,1-8).

Em Mateus, as mulheres vêm ao sepulcro não para ungir o corpo de Jesus, mas para ver o sepulcro. Encontramos aí a palavra grega *theorein*, que significa olhar, meditar, contemplar. Elas vêm já alta noite. Pois, ao cair do crepúsculo vespertino, começa o novo dia. Desejam permanecer a noite toda no sepulcro, para chorar sobre Jesus e refletir e meditar sobre ele. Ocorre então um grande terremoto, um abalo. Tudo é sacudido, na rigidez do sepulcro, entra movimento. E o Anjo do Senhor desce do céu. Terremoto e aparição de Anjos são os sinais mais importantes do encontro com Deus no Antigo Testamento. Quando Deus aparece e interfere no mundo, ele se anuncia através do terremoto e dos Anjos.

O Anjo rola a pedra do sepulcro e senta-se sobre ela. Muitas vezes, existe uma pedra sobre nós, que nos bloqueia e nos separa da vida. Esta pedra se encontra sobre nós exatamente quando a vida desejaria florescer em nós. Debaixo da pedra, a vida não pode desenvolver-se. É oprimida. O Anjo sabe de nossos bloqueios e tira a pedra quando ela nos impede de viver. E o Anjo senta-se sobre a pedra. Ele transforma a pedra que nos bloqueia numa pedra que nos atesta a presença libertadora de Deus.

O Anjo desta narrativa é cheio de poder. Ele brilha como um relâmpago na escuridão. Os guardas que vigiam o morto tremem de medo. Ficam como mortos, enquanto aquele a quem vigiam volta à vida. Em nós existem estes guardas que vigiam o que está morto em nós, cuidando que nada em nós se modifique, que tudo permaneça como estava, que nossos princípios não sejam abalados. Quando o Anjo, como um raio, penetra no mundo de nosso túmulo, então os guardas caem por terra. Não podem mais impedir que a vida em nós venha à tona e se desenvolva. É uma força tremenda que sai deste Anjo e nos abre também o sepulcro em que estávamos instalados com nossa decepção e resignação. O Anjo não nos permite dormir sossegados em nosso sepulcro. Ele nos acorda. Ressurreição não é somente algo que já passou. O Anjo do Senhor quer provocar ressurreição também em nós, rolando a pedra que nos bloqueia. Existem muitas pessoas que preferem ficar deitadas em seu sepulcro. Queixam-se, é verdade, da umidade e escuridão do lugar. Mas têm medo de levantar-se. Pois teriam que abrir-se à vida e poderiam se ferir. E não teriam mais nenhuma desculpa para a recusa em que se instalaram. É preciso então um Anjo que nos abale e sacuda, que provoque em nós um movimento e nos faça sair do sepulcro.

O Anjo provoca consternação e medo. Mas ele diz às mulheres que não devem temer. Mostra-lhes que o sepulcro está vazio, que Jesus ressuscitou. Elas não o encontrarão mais no sepulcro, não o encontrarão mais no passado, na lamentação sobre o que se passou. Ele há de ir à frente para a Galiléia. Na Galiléia, elas o verão, não em Jerusalém, não na Cidade Santa, mas no desprezado distrito da Galiléia, onde judeus e pagãos vivem misturados. Quando vivemos, na banalidade do nosso dia-a-dia, quando piedade se mistura com paganismo, distanciamento de Deus com presença de Deus, coisas estranhas com coisas que nos inspiram confiança, quando nos desprezamos a nós próprios, haveremos de ver o ressuscitado e encontrar-nos com ele. Em meio à confusão deste mundo, havemos de experimentar a ressurreição. Em meio ao nosso autodesprezo o ressuscitado nos fará ficar de pé.

O Anjo envia as mulheres, a fim de que agora elas próprias se tornem Anjos da ressurreição e anunciem aos discípulos a Boa-Nova da ressurreição de Jesus. As mulheres queriam unicamente ver o túmulo. Queriam permanecer espectadoras, agora elas recebem uma tarefa. Devem ir aos discípulos e testemunhar-lhes que a vida venceu a morte, que o amor é mais forte que o ódio, que as pedras que impedem a vida foram retiradas e o túmulo está aberto. As mulheres deixam o túmulo cheias de alegria, mas ao mesmo tempo cheias de temor. Estão abaladas com o que aconteceu. O Anjo não foi para elas apenas testemunha da ressurreição de Jesus. Ele as levou também a ressuscitarem. Elas ressuscitaram e puseram-se a caminho. E neste caminho encontraram-se com o próprio ressuscitado. Sentiram então que a mensagem do Anjo estava certa. E assim elas próprias passaram a ser Anjos, mensageiras da ressurreição para outros.

Este é certamente o maior efeito que um Anjo pode produzir em nossa vida, o de rolar a pedra do nosso túmulo e fazer-nos ressurgir do sepulcro. É muito mais fácil ficarmos deitados e deixarmos para os outros a responsabilidade do que ressuscitar. É mais cômodo sentir-nos como vítima do que assumir a responsabilidade por nós mesmos. O Anjo que nos acompanha nos impede de ficarmos no papel de vítimas. Ele rola a pedra de nosso sepulcro, para que agora nós próprios nos ergamos e enfrentemos a vida. O Anjo nos põe em contato com nossa própria força. Ele não está somente fora mas também dentro. Muitas vezes, usamos pessoas como Anjos, que nos rolam a pedra do sepulcro e nos dão coragem para ressurgirmos. Mas ressurgir, nós mesmos é que o devemos fazer. Isto quer dizer confiar na força que o Anjo que está conosco desperta em nós.

As próprias crianças conhecem o túmulo. Na infância, nós sepultávamos solenemente o passarinho morto e colocávamos uma cruz sobre seu túmulo. Ao que parece, percebíamos que tudo quanto morre tem que ser sepultado. Só assim pode se transformar e ressurgir. O velho, que sobreviveu a si mesmo, devemos sepultá-lo e não carregá-lo conosco por toda a vida. Mas muitas crianças também experimentam o túmulo de outra maneira. Elas sentem-se como no túmulo, como sob uma laje sepulcral. Não chegam a viver. Tudo se desenrola como debaixo de uma laje. A surda atmosfera na casa paterna encobre todo sinal de vida que pudesse manifestar-se ali. É como uma pedra que se encontra sobre elas e que as impede de viver. As crianças às vezes parecem inacessíveis. Elas vivem em um outro mundo, uma grande pedra torna-lhes a realidade inacessível. Freqüentemente, os pais perdem a calma quando o filho se recolhe ao próprio túmulo. Não sabem se um Anjo vai descer no meio da noite e retirar a pedra. A narrativa do Anjo da ressurreição em Mateus quer despertar em nós a confiança de que a situação tumular de uma criança ou de um adulto não é definitiva, que quando tudo se encontra escuro e cheio de tristeza, quando a depressão encobre toda a vida, um Anjo desce do céu e provoca um terremoto. Quando em um companheiro, ou em um sonho, ou em uma experiência interior, o Anjo desce à nossa situação tumular, nós também poderemos ressurgir para viver. O Anjo pode vir até nós como um relâmpago. Um raio espiritual clareia nossas trevas e cria espaço para a ressurreição.

23
O ANJO QUE INTERPRETA A VIDA

No evangelho de Lucas, os Anjos na ressurreição possuem um outro significado. Eles interpretam o acontecimento da ressurreição para as mulheres. As mulheres entram no túmulo e não encontram o corpo de Jesus. Mas não entendem o que isto significa. "Não sabiam o que fazer, quando apareceram diante deles dois homens vestidos de vestes resplandecentes. Como ficassem aterrorizadas e baixassem os olhos para a terra, disseram-lhes eles: Por que procurais entre os mortos quem está vivo? Ele não está aqui! Ressuscitou! Lembrai-vos do que vos falou, estando ainda na Galiléia, dizendo que o Filho do homem havia de ser entregue ao poder de pecadores e ser crucificado, mas ressuscitaria ao terceiro dia. Elas então se lembraram das palavras de Jesus. E voltando do sepulcro, comunicaram tudo isso aos Onze e a todos os outros" (Lc 24,4-9).

Como no Antigo Testamento, os Anjos são descritos aqui como homens. Eles têm uma roupa resplandecente, que os identifica como Anjos. Os dois Anjos fazem às mulheres uma pergunta em forma de provérbio: "Por que procurais entre os mortos quem está vivo?" Elas não devem procurar o ressuscitado no túmulo, no reino dos mortos. Este provérbio continua atual até hoje. Muitas pessoas piedosas procuram Jesus no reino dos mortos, no reino da letra morta e da piedade meramente legal. Outros procuram-no somente no passado. Volteiam apenas em torno de fórmulas tradicionais, em lugar de abraçarem a vida. Muitos usam seu caminho espiritual para desviar-se da vida, em vez de a aceitarem em si. Outros procuram a vida entre os mortos, quando buscam sua felicidade no dinheiro, na posse, no poder, na carreira. Mas ressurreição significa descobrir a vida em si mesmo e não mais em coisas mortas.

Então os dois Anjos interpretam a ressurreição. O que à primeira vista é incompreensível, de repente, se torna claro. Os Anjos lembram as palavras de Jesus, sua predição da paixão. Estas palavras, ao que parece, haviam permanecido obscuras para os discípulos. Mas agora, de repente, elas começam a brilhar e a clarear o caminho de Jesus. Agora, de repente, eles compreendem que Jesus predissera não apenas sua morte na cruz mas também sua ressurreição ao Terceiro Dia. O Anjo como *angelus interpres*, como intérprete, passou a ser uma imagem importante. Os Anjos que nos acompanham nos introduzem no mistério de nossa vida. Eles revelam o sentido quando tudo nos parece sem sentido. Sem uma interpretação correta, tampouco nós podemos viver corretamente. Assim como interpretamos nossa vida, assim também a vivemos. O Anjo nos interpreta a vida assim como Deus a vê. Se acreditarmos em sua interpretação, a nossa vida há de ter êxito.

Para as crianças, os intérpretes da vida normalmente são os pais. Mas muitas vezes as crianças buscam também outros intérpretes para a sua vida. Muito queridos são os avós, que a partir de sua própria experiência de vida interpretam tudo quanto a criança experimenta, trazendo uma nova luz. Com sua interpretação eles deixam transparecer algo do mistério da vida. Isto fascina as crianças. A vida não é apenas banal. Não se trata apenas de certo ou errado. A vida tem muitas dimensões. Ela chega até ao céu. Existem Anjos que nos acompanham e fazem nossa vida parecer maravilhosa. Uma interpretação que só fica na superfície e só torna possível uma existência acomodada não satisfaz as crianças. Elas querem tocar no mistério da vida. E não admitem nenhuma interpretação que não inclua também a morte. Só quando a morte não é uma catástrofe, mas sim um caminho para a ressurreição, é que as crianças se dão por satisfeitas. Elas possuem em si um sentido para o mistério da morte e da ressurreição. Por isso, muitas vezes se ocupam muito despreocupadamente com a morte. Seu Anjo diz-lhes que a morte não é a última palavra, mas que os mortos vão para Deus e lá no céu eles vivem de uma maneira nova, que vivem lá como as crianças sempre imaginaram e desejaram viver.

Também como adultos sempre de novo precisamos de Anjos que interpretem nossa vida. Em conversa com um amigo, de repente nos fica claro que tudo quanto vivemos até agora possui um sentido, que Deus nos traçou um bom caminho. Ou ouvimos uma pregação, e de repente se torna claro para nós o significado de nossa situação momentânea. Voltamos para casa diferentes. Compreendemos nossa vida e podemos aceitá-la assim como ela é. Participamos de um enterro e cheios de tristeza vamos ao túmulo como as mulheres. Ali, na alocução ou nas orações, experimentamos uma interpretação que envolve para nós numa nova luz o acontecido. Ou fracassamos e nos queixamos a uma amiga da fragilidade de nosso conceito de vida. Mas depois da conversa nos sentimos aliviados. Até no fracasso reconhecemos um sentido. Todas as pessoas que interpretam para nós o nosso destino nós as sentimos como Anjos. E com bastante freqüência, as experimentamos como Anjos da ressurreição, que nos inspiram uma nova confiança para nos levantarmos da resignação para uma nova vida.

24
O ANJO QUE NOS LEVA PARA O CÉU (LÁZARO)

Em todos os povos, encontramos a idéia do Anjo da morte, que nos guia com segurança para atravessarmos a porta da morte. Pesquisadores como Raimond Moody ou Elisabeth Kübler-Ross falam de seres luminosos que nos aparecem na morte e ficam carinhosamente ao nosso lado. Falam-nos do Anjo que nos acompanha no processo da morte e dá-nos as boasvindas no mundo do além. Na passagem bíblica do homem rico e do pobre Lázaro, que jazia doente e cheio de feridas diante da porta do rico, a imagem do Anjo da morte é retomada: "Quando o pobre morreu, foi levado pelos Anjos para o seio de Abraão" (Lc 16,22).

É muito difundida a crença de que os Anjos hão de levar-nos para o céu. Quando entre nós, no convento, o féretro de um confrade falecido é levado da igreja para o cemitério, cantamos a velha e respeitada antífona: *"In paradisum deducant te angeli"* (Que os Anjos te acompanhem ao paraíso). Lá deverão os mártires receber o falecido e acompanhá-lo para a Cidade Santa Jerusalém. Depois a antífona conclui: *"Chorus angelorum te suscipiat, et cum Lazaro quondam paupere aeternam habeas requiem"* (Que o coro dos Anjos te receba. E que com Lázaro, antes pobre, possas alcançar o eterno descanso). Faz-se referência aqui à história do pobre Lázaro. Que os Anjos nos levem para o céu, da mesma maneira que um dia levaram Lázaro. Lázaro quer dizer: "Deus ajuda". Nós não estamos desamparados na morte. Deus mesmo envia seus Anjos para nos ajudarem também quando na morte já não nos pudermos mais nos ajudar. Os Anjos hão de carregar-nos para a Cidade Santa, para o céu, onde os Anjos e santos adoram a Deus. Ali o coro dos Anjos há de alegrar-se com a nossa chegada e de entoar um hino de agradecimento. Existe um belo quadro de um antigo mestre, por volta de 1200, onde os Arcanjos Rafael e Gabriel carregam em um pano para o céu a alma de um finado. É uma imagem muito consoladora para enfermos e moribundos. Eles não cairão nas trevas da morte, mas serão levados pelos Anjos para o seio acolhedor de Deus.

No ofertório da missa dos defuntos, canta-se a Miguel, invocando-o como o Anjo que nos levará à luz eterna: Aí se diz, depois de pedir que Deus livre dos tormentos do inferno o fiel falecido: *"Sed signifer sanctus Michael repraesentet eas in lucem sanctam quam olim Abrahae promisisti, et semini eius"* (Mas que São Miguel, o porta-estandarte, as leve para a luz santa, que um dia prometeste a Abraão e à sua descendência). Portanto, a liturgia ainda conhece a imagem de que os Anjos nos levarão para o céu. Justamente o Arcanjo São Miguel, o corajoso combatente de Deus, há de combater também por nós, para que cheguemos com segurança à outra margem, à santa luz de Deus, onde nós mesmos haveremos de nos tornar inteiramente luz. É uma imagem consoladora a do Anjo que nos acompanha durante toda a vida, nos protege em nossos caminhos, constantemente está ao nosso lado para vivermos realmente, cura nossas feridas e nos liberta da prisão e na morte não nos abandona. O Anjo nos acompanhará com segurança para o outro lado do abismo da morte, que sempre amedrontou os seres humanos. Então, nosso Anjo haverá cumprido a sua tarefa. E pode para sempre entoar no coro dos Anjos que canta no céu os eternos louvores de Deus. O Anjo também não nos abandona na agonia da morte. Pela presença do Anjo, a morte perde o seu horror. Nesse momento, quando somos de todo impotentes e nos encontramos entregues às dores e à solidão, o Anjo se encontra ao nosso lado. As portas da morte não as atravessaremos sozinhos, mas em companhia de nosso Anjo.

Johann Sebastian Bach conclui a "Paixão segundo São João" com este consolador coral:

"Manda, Senhor, o teu Anjo
No fim levar a minha alma

Para o seio de Abraão;
Que meu corpo ache repouso,
Sem tormento e sem castigo,
Até o Juízo Final!
Que meus olhos com alegria
Contemplem o Filho de Deus!
Salvador meu, Jesus Cristo,
Atendei-me para que possa
Eternamente louvar-vos!"

Muitos encontram dificuldades com esta linguagem. Mas as experiências de muitas pessoas que estiveram próximas à morte fazem estas palavras nos aparecerem sob uma nova luz. Os Anjos de Deus hão de acompanhar-nos na morte e de entregar-nos às mãos amorosas de Deus. As crianças não encontram a mínima dificuldade em aceitar esta idéia. Elas vivem no mundo dos Anjos. Estão convencidas de que seu Anjo também as levará na morte para o seio de Abraão, que na morte elas passarão para os braços maternos de Deus. A morte tem qualquer coisa a ver com o nascimento, com um seio materno. Então haveremos de experimentar para sempre a proteção e a segurança por que sempre ansiamos, que aqui pudemos vez por outra experimentar, mas que também se revelou frágil e efêmera. Na morte, haveremos de repousar para sempre no seio materno de Deus e de gozar de eterna alegria na visão do amor de Deus.

CONCLUSÃO

Os Anjos de que a Bíblia nos fala mostram-nos que existe uma presença de salvação em todas as situações de nossa vida. Deus não é apenas aquele mistério distante e incompreensível, mas, através dos Anjos, ele entra concretamente em nossa vida. Envia-nos Anjos em figura humana, que por algum tempo andam conosco e nos abrem os olhos para a verdadeira realidade. Envia-nos Anjos que no sonho nos tiram de um beco sem saída, que no sonho nos trazem remédio para a alma e nos desatam as cadeias. Ajuda-nos por intermédio do Anjo que está em nós, em nosso coração, em nossos pensamentos, nos suaves impulsos de nossa alma. Quando, com a teologia, entendemos os Anjos como criaturas espirituais, neles se concretiza a presença salvadora de Deus numa realidade criada e experienciável. Nas pessoas que vemos, em figuras luminosas que por vezes se tornam visíveis, em sonhos que se fixam profundamente em nossa alma, que podemos analisar e meditar, Deus age em nós por seus Anjos. Esta é uma mensagem consoladora, que traz o Deus distante e incompreensível para dentro de nossa realidade quotidiana.

Toda pessoa tem um Anjo. Esta é a alegre mensagem das histórias bíblicas. E é disto que sabe também a tradição espiritual. Toda pessoa, na casa de sua alma, tem necessidade de espaços especiais de proteção e de aprofundamento criativo. Aí os Anjos moram nele e o conduzem para a leveza do ser, para a suavidade e o amor e a alegria da vida. Os Anjos inspiram sua alma. Conferem a seu espírito as asas da fantasia, para que possa erguer-se da banalidade do que é imediato e o céu se abra sobre o vazio de seu deserto. Os Anjos transmitem-nos a experiência de que estamos protegidos e guardados de maneira especial. Jamais somos deixados sós. Os Anjos acompanham-nos em todas as situações de nossa vida, na solidão, na prisão, na angústia, na depressão, no túmulo de nossa autocompaixão e de nossa resignação, ou até mesmo na morte. Os Anjos também hão de carregar-nos através das sombrias portas da morte, acompanhar-nos até à luz, para que juntamente com eles cantemos o eterno cântico de louvor.

Os Anjos ouviam nosso choro de crianças, quando nos sentíamos feridos e incomodados, entregues ao arbítrio e ao desprezo. Os Anjos estiveram junto a nós em nossas dores, em nossas angústias, em nossa impotência. Desde a infância, tínhamos conhecimento do Anjo que nos acompanhava, sabíamos do Anjo como fonte de forças salvíficas e protetoras, como um potencial criativo, uma fonte interior ou uma sugestão útil. Os Anjos levaram-nos para o mundo interior, aonde não chegam as feridas do mundo exterior. Transmitiram-nos uma aura de dignidade que ninguém é capaz de nos retirar. Como adultos podemos ligar-nos às experiências de Anjos na infância. Mas não podemos olhar nossos Anjos com olhos infantis. É como pessoas adultas e esclarecidas que devemos considerá-los. Ver o Anjo em minha própria vida significa, para mim, deixar de lado a fixação doentia na história de minhas feridas e agravos, de meus fracassos e derrotas. Entrar em contato com o Anjo significa para mim descobrir os vestígios dos Anjos em minha vida. No acompanhamento espiritual, sempre de novo pude ver como as pessoas experimentam salvação e libertação quando reconhecem e meditam os vestígios dos Anjos na história de sua vida. Nesses momentos, surge para elas uma força diferente, uma força divina. Aí elas entram em contato com a dimensão do divino. E só na esfera divina elas puderam tornar-se as pessoas que são desde o início. Quando contemplavam o Anjo em suas vidas, elas libertavam-se da presença opressiva daqueles que ferem e desprezam. Nos Anjos experimentavam a presença salvadora e libertadora de Deus, o suave hálito de amor de Deus, que a cada momento de sua vida as envolve e protege. O encontro com os Anjos fez com que elas próprias se tornassem Anjos para os outros. Nisto consiste certamente a vocação de todos nós: tornarmo-nos Anjos uns para os outros, o Anjo que abre o céu para o outro e lhe transmite a presença salvadora e amorosa de Deus.

BIBLIOGRAFIA

BANDINI, Pietro. *Die Rückkehr der Engel. Von Schutzengeln, himmlischen Boten und der guten Kraft, die sie in uns bringen.* Berna 1995.

BRÜCKNER, Annemarie. Michaelsverehrung, in: *Theologische Realenzyklopädie*, vol. XXII, p. 717-724.

HARK, Helmut. *Mit den Engeln gehen. Die Botschaft unserer spirituellen Begleiter.* Munique 1993.

JUNG, C.G. *Gesammelte Werke*, vol. 11, Zürich 1963, e vol. 13, Olten 1978.

KAST, Verene. *Abschied von der Opferrolle.* Stuttgart 1998.

STUBBE, Ellen. *Die Wirklichkeit der Engel in Literatur, Kunst und Religion.* Münster 1995.

VORGRIMLER, Herbert. *Wiederkehr der Engel? Ein altes Thema neu druchdacht.* Kevelaer 1991.